과학, 창세기의
우주를 만나다

물리학자의 눈으로 탐구하는 천지창조의 비밀

과학, 창세기의 우주를 만나다

초판 1쇄 발행 2019년 10월 1일
초판 3쇄 발행 2021년 4월 15일

지은이 제원호

발행인 백유미 조영석
발행처 (주)라온아시아
주소 서울특별시 서초구 효령로 34길 4, 프린스효령빌딩 5F

등록 2016년 7월 5일 제 2016-000141호
전화 070-7600-8230 **팩스** 070-4754-2473

값 14,000원
ISBN 979-11-90233-11-8 (03230)

passover 는 독자 여러분의 소중한 원고를 기다리고 있습니다. (raonbook@raonasia.co.kr)

제원호 지음

물리학자의
눈으로 탐구하는
천지창조의 비밀

과학, 창세기의 우주를 만나다

passover

'6일'과 '140억 년'의 사이

제원호 박사님은 하나님과 가장 멀다고 할 수 있는 과학자의 위치에서 하나님을 가까이 알아가고자 노력하는 사람입니다. 성경에 나오는 하나님이 이루신 '6일'의 천지창조와, 과학자들이 말하는 '140억'의 시간에 대한 명쾌한 설명은, 이제껏 기독교인과 비기독교인 사이에 종종 논쟁하던 부분들을 말끔히 해소시켜 줄 것입니다. 기독교와 과학이라는 합쳐질 수 없을 것 같은 두 분야가 어떻게 하나로 융합될 수 있는지, 그리고 어떻게 물질세계와 비물질세계를 조화할 수 있을지 이 책을 통해 과학의 이성 속에서 신앙의 신비함을 경험하시길 바랍니다.

이영훈 (여의도순복음교회_담임목사)

진정한 '앎'이란

성경은 '하나님의 능력과 신성이 모든 만물을 통해 분명히 보여 알려졌다'고 말씀하셨습니다. 그러나 우리가 사는 이 시대는 모든 역사를 통틀어 가장 최고의 '앎'의 수준에 이른 것 같지만, 실은 '앎'의 근본이신 하나님을 알아보지 못하는 허무 속에 살아가고 있습니다. 제원호 박사님은 제가 10년 전부터 알고 교제해 온 귀한 하나님의 사람이십니다. 과학자이신 제 박사님께서, 과학의 눈을 통하여 담아낸 하나님의 영광을 세상에 전하게 됨을 진심으로 감사하며 이 책을 적극 추천하는 바입니다. 이 책을 통해 성도들은 더욱더 주님께 가까이 나아가기를, 아직 주님을 모르는 분들에게는 하나님의 살아계심을 발견하는 귀한 계기가 되기를 바랍니다.

박보영 (인천방주교회_은퇴목사)

하나님과 과학이 친해진다

　　과학은 보편적인 진리나 새로운 법칙을 발견해 체계적으로 정리한 것을 말합니다. 제원호 박사님은 물리학자로, 또 하나님을 믿는 사람으로, 오랫동안 과학 법칙 속에 담겨있는 하나님을 고민하고 연구하며, 그간의 생각들을 하나의 책으로 정리했습니다. 이 책을 접하는 독자들은 '빛'과 '시간', '공간'이라는 과학적인 개념 속에 처음부터 끝까지 영원하신 하나님을 선포한 박사님의 묵상을 같이 누리게 될 것입니다. 책의 가장 앞에 언급되는 "태초에 하나님이 천지를 창조하시니라"(창 1:1)라는 구절을 기억하며, 하나님과 과학 사이에서 즐거운 발걸음을 옮기시는 시간이 되길 소망합니다.

박종렬(조이어스교회_담임목사)

창조를 과학으로 이해하는 방법

성경은 "태초에 하나님이 천지를 창조하시니라"라고 선언합니다. 그리고 "보이는 것은 나타난 것으로 말미암아 된 것이 아니니라"라고 말합니다. 이 두 구절을 기반으로 '과학, 창세기의 우주를 만나다'란 제목의 책이 나왔습니다. 제원호 박사가 하나님의 천지만물 창조의 역사를 시간, 공간, 빛을 중심으로 한 과학적 접근 방식으로 이해하고자 다각도로 풀이한 책이라 할 수 있습니다. 매우 어려운 테마를 쉽고도 재미있게 풀어쓴 글이므로 크리스천은 물론 자연과학에 관심 있는 학생들과 일반인들이 읽기에 유익한 저작이라 여겨집니다. 기쁜 마음으로 추천합니다.

박종순(충신교회_원로목사)

정체성을 지키고, 적응력을 키우고

　하나님의 정체성에 관심을 가지는 성서와 자연의 현상에 초점을 맞추는 과학은 세상을 관찰하는 관점에 있어서 다를 수밖에 없습니다. 문제는 이 차이 때문에 과학과 신학 사이에는 종종 충돌이 일어나며, 그 결과 신앙은 과학과 양립할 수 없다는 인식도 생겼다는 점입니다. 이런 상황에서 신앙인이자 과학자인 이 책의 저자는 둘 사이의 중재를 위한 화두를 던졌습니다. 말하자면, 두 관점 중 하나를 지지하거나 무너뜨리려 하기보다는 둘 사이에 다리를 놓으려 한 것입니다. 이런 점에서 이 책이 좁게는 성서와 과학의 충돌 때문에 고민하는 분들에게, 넓게는 그리스도인으로서의 정체성을 지키면서 동시에 문화적 적응력을 키워야 할 필요성을 절감하는 분들에게 좋은 지침이 될 줄로 믿습니다.

박정관 (문화연구원 소금향_원장)

'확증편향적' 생각을 넘어서서

　　인간은 현실과 상황을 파악하는 데 있어서 예외 없이 믿음을 가지고 시작합니다. 그러기에 성 어거스틴는 "믿고 알기 시작한다 또는 알기 위해 믿어야 한다"라는 명제를 제시합니다. 어떤 생각과 관점을 가지고 있는가에 따라 현실 파악에 대한 결론이 달라지기 때문입니다. 소위 심리학자들이 말하는 '확증편향적' 인간의 성향도 그러한 것의 반향입니다. 결국 모든 것은 시작이 중요하기에 바르며 참된 지식으로부터 시작하는 것은 절대적으로 중요한 것입니다. 특별히 보이는 것과 각자의 울타리에 갇혀 살고 있는 현대인들은 그 이상을 볼 수 있어야 합니다. 보이지 않은 영역의 존재뿐 아니라 그 울타리를 넘어 존재로 독자들의 생각을 펼쳐가는 데 있어 제원호 박사님의 책은 중요한 역할을 할 것이라 기대합니다. 신뢰할만한 과학적 지식의 깊이에 더해 건전한 신앙적 성숙함으로 버무려진 저서입니다. 바르며 참된 지식에 근거한 건전한 믿음을 얻는 데 있어 중요한 역할을 할 것이라 믿어 의심치 않습니다.

박성민 (한국CCC_대표)

과학의 정상에는
무엇이 기다리고 있는가

아인슈타인은 "과학 없는 종교는 장님(Blind)이며, 종교 없는 과학은 절름발이(Lame)이다"라고 말했다고 합니다. 신학과 과학의 오랜 애증관계 속에서 신학을 아는 과학자의 출판은 과학의 최고봉 정상에 올라가면 신께서 기다리고 있음을 잘 증명할 것이라 믿습니다. 이 책을 통해 시간, 공간, 보이는 물질적 공간, 보이지 않는 영적 공간, 빛에 대한 과학적 설명을 듣고 나면 영원에 대한 갈망과 함께 정상에 계시는 하나님을 깊게 만나기를 간절히 축원합니다.

김윤희 (햇불트리니티신학대학원대학교_총장, FWIA_대표)

깊고 오묘한 창조 지혜

　창조주 하나님은 무한한 지혜와 권능으로 우주 만물과 영적 세계 모두를 지으셨습니다. 인간의 지식으로 다 이해하기는 불가능하지만 그 만드신 피조물을 통해 하나님의 형상과 인격을 경험할 수 있다는 것은 큰 기쁨이 아닐 수 없습니다. 특히 창세기 1장의 첫머리 부분은 하나님의 창조에 대한 이해의 단초를 제공합니다. 제원호 박사는 이 책에서 시간, 공간, 빛의 창조를 통해 물질세계와 비물질세계에 대한 통합적인 이해를 시도한다는 점에서 매우 흥미롭습니다. 기독교인들이 믿는 창조주 하나님의 깊고 오묘한 창조 지혜와 섭리를 부분적, 단편적으로나마 새롭게 맛볼 수 있기를 바랍니다.

정근모 (前 과학기술처 장관)

과학은 보이는 것, 즉 나타난 현상에 대한 이유를 설명하고 그 뒤에 담겨 있는 법칙을 찾으려 한다. 물질세계에 대한 과학적 이해를 통해 그 이면에 작용하는 보이지 않는 법칙들을 발견해가는 학문이다. 요컨대 보이는 현상에서부터 시작하여 그 뒤에 숨어 있는 변하지 않는 진리, 즉 궁극적인 실체를 찾아 연결한다.

반면 신앙은 과학과 정반대다. 보이지 않는 영이신 하나님의 존재에서부터 출발하되 그에 머무르지 않고 모든 현상에 대한 깊은 이해를 제공한다. 신앙을 통해 우리는 현상에 대한 과학적 이해만으로는 알 수 없는 전혀 새로운 시각, 특히 영적 시각을 갖게 된다.

이와 같이 과학과 신앙은 서로 출발점과 접근 순서와 방법이 다르지만, 또한 밀접한 관계를 가지고 있다. 둘 다 보이는 물질세계와 보이지 않는 비물질세계를 동시에 다루며, 또 이 두 세계가 서로 연결될 수 있음을 찾아내기에, 상호 보완적이라고도 할 수 있다. 이는 마치 어떤 복잡한 모양의 형체에 빛을 비추면 빛의 방향에 따라 스크린에 나타나는 그림자의 모양은 서로 다르게 보일 수 있지만, 그렇다고 하나만 맞고 다른 것은 틀렸다고 말할 수 없는 것과 같다.

성경의 하나님은 눈에 보이는 물질세계뿐 아니라 보이지 않는 영적 세계도 함께 만드셨다. 그리고 모든 피조물 중에 오직 인간만이 이 두 상반된 세계를 접할 수 있도록 하셨다. 과학과 신앙 사이의 오랜 대립과 갈등은 과학을 제대로 모르거나 아니면 성경을 제대로 모르기 때문에 빚어진 일이라고 할 수 있다. 인간의 제한된 사고와 불완전한 이해로 방대한 내용을 무리하게 설명하려다 보니, 과학과 신앙이 서로 모순된 것처럼 여겨져온 것이다.

이 책을 쓰면서 하나님은 보이는 세계와 보이지 않는 세계를 모두 창조하셨다는 점을 늘 염두에 두려고 노력하였다. 구체적으로 창세기 1장 1절, 2절, 3절에 나타난 시간과 공간과 빛의 창조를 통해서 어떻게 그 두 가지 세계를 좀 더 이해할 수 있을까 고민했다. 흥미로운 것은 시간, 공간, 빛이 모두 물질적 특성뿐 아니라 비물질적 특성을 동시에 지니고 있다는 점이다. 서로 다른 차원의 세계인 것 같지만 상호 보완적인 관계를 통해 더 높은 차원의 온전한 하나님에게 한 발짝 더 나아갈 수 있는 길이 열리게 되기를 기대한다. 우리 모두가 이 땅에 살면서 보이는 세계에 매이지 않고, 보이지 않는 세계에 대한 눈이 열려 하늘에 속한 자로 살 수 있기를 기도한다.

쉽지 않은 내용의 책을 준비하는 데 하나님께서 위로로 주신 성경 구절은 역대상 28장 19절이다. "다윗이 이르되 여호와의 손이 내게 임하여 이 모든 일의 설계를 그려 나에게 알려 주셨느니라".

성전의 지도를 하나님이 직접 그려주셔서 성전 건축을 준비하게 된 다윗과 같은 심정으로, 부분적이나마 하나님의 창조 세계에 대한 모습을 그려내고자 했다. 다윗도 그 성전에 하나님을 다 담을 수 없었는데, 하물며 이 작은 책 속에 어떻게 위대하신 창조주 하나님을 다 담아낼 수 있을까? 그분의 그림자 한 부분이라도 제대로 나타낼 수만 있다면 큰 기쁨이다. 그런 점에서 여기에서 설명하는 내용들이 많은 의문들에 대한 해답을 주지 못할 수 있고 어쩌면 새로운 질문이 생길 수도 있을 것이다. 물론 이것은 매우 자연스러운 일이며 도리어 새로운 과학적 신학적 발전을 통해 창조주에 대한 더 온전한 이해를 향한 디딤돌이 될 수 있기를 기대한다.

평신도에게도 교회에서 말씀을 나누고 전할 수 있는 기회를 열어주시고 격려하며 신앙의 길잡이가 되어주신 조이어스교회 박종렬 목사님께 감사드립니다. 영성 신학의 말씀을 접하게 하시고 영의 세계에 눈을 뜨게 해주신 산성교회 이천수 목사님께 감사드립니다. 이해하기 어려운 전문적인 내용들을 때론 가지치기도 하고 쉽게 순화시켜서 어린 학생들이 잘 읽을 수 있도록 부드럽게 가다듬는 수고를 마다하지 않으신 라온북 조영석 소장님 이하 편집부원들께 감사드립니다. 글을 쓰고 말씀을 전할 때마다 늘 기도해주고, 냉철한 강평으로 부족한 점을 지적해주고 늘 긍정적으로 도와준 아내 안영신 권사에게도 고마움을 전합니다.

위대하신 창조주 하나님께 찬양과 영광을 올립니다!

| 목차 |

제1부

시간의 창조
– 시간으로 시작된 우주 만물과 시간 안으로 찾아온 창조주

제2부

하늘과 땅의 창조

— 보이는 세계와 보이지 않는 세계에 나타난 창조주의 발자취

제3부

공간의 창조
– 우주 안에 담긴 만물과 인간 안에 거하는 창조주의 영

제1부

시간의 창조

—

시간으로 시작된 우주 만물과
시간 안으로 찾아온 창조주

"태초에 하나님이 천지를 창조하시니라." – **창세기 1:1**

천지창조는 무엇으로
시작되었을까?

만물의 시작, 시간의 창조

우리는 어디에서 왔으며 어디로 가는가. 많은 이들이 인생의 어느 시점에서 한 번쯤은 묻게 되는 질문이다. 우리가 살고 있는 우주는 어떻게 시작되었는지, 우주의 나이는 과연 얼마인지 등과 같이 우리 존재의 기원에 대해서도 궁금증을 갖게 된다.

성경은 우주 만물의 시작에 대해 어떻게 이야기하고 있을까? 성경의 첫 구절인 창세기 1장 1절은 "태초에 하나님이 천지를 창조하시니라"라는 말씀으로 시작한다. 여기서 '태초에(in the beginning)'라는 구절은 '처음에' 또는 '시초에'라고도 번역될 수 있으며, '시작'이라는 시간의 개념을 품고 있다. 즉, 하나님께서 인간을 찾아오는 통로로서 하늘과 땅을 창조하면서 먼저 시간을 창조하셨음을 알 수 있다.

우주는 우주 대폭발(Big Bang, 빅뱅)이라는 사건으로부터 시작되었다는 것이 대부분의 물리학자와 천문학자들이 받아들이고 있는 이론이다. 즉, 과거 언젠가 광활한 우주의 시작점이 있었고, 그때부터 우주의 시계가 똑딱거리며 그 역사가 시작되었다. 하나님께서는 보이는 세계인 우주 만물을 창조하기에 앞서 가장 먼저 시간을 창조하신 것이다.

그렇다면 과연 시간이 흐르기 시작한 태초부터 지금까지 우주의 나이는 얼마일까? 창세기 1장의 기록대로 단 6일 동안 세상이 창조된 것일까, 아니면 과학자들의 연구대로 우주의 나이가 140억 년에 이르는 것일까? 교회에서는 6일이라고 하고, 학교에서는 140억 년이라고 하는데, 우리는 이처럼 커다란 차이를 어떻게 받아들여야 할까? 그동안 우리는 이러한 문제를 어쩌면 그저 애써 외면한 채 지나쳐왔는지도 모른다.

그러나 단순히 그때그때 넘어가는 것은 근본적인 해결책이 될 수 없다. 언젠가는 이러한 문제에서 비롯되는 고민이 결국 내적 갈등을 일으키고, 마침내 표면화되는 시점이 오게 된다. 특히 자녀들이 부모 품을 떠나 대학에 진학하게 되면, 전문적인 학문과 새로운 지식을 접하면서 그간 품어왔던 의문이 증폭되어 '그동안 교회를 통해 잘못 배웠다'라는 생각과 함께 신앙을 떠나는 경우도 많다. 물론 이런 갈등은 과학과 신앙 사이의 가장 중요하고도 오래된 대립 중 하나이

기도 하다. 그런데 역사적으로 보아도 그런 갈등의 주된 요인은 결국 과학을 제대로 모르거나 아니면 성경을 제대로 모르기 때문에 빚어지는 일이라고 할 수 있다. 인간의 제한된 사고와 불완전한 이해로 방대한 내용을 무리하게 설명하려다 보니, 과학과 신학 사이에 서로 모순인 것처럼 보이는 내용이 많았던 것도 사실이다.

과학과 성경 사이의 관계를 이해하기 위해 제1부에서는 만물의 시작을 알리는 '시간'에 대해 다루고자 한다.

만물은 시간 속에서
변화한다

인간에게 주어진 시간이라는 선물

먼저 시간이란 과연 무엇인지 생각해보자. 시간이란 어떤 변화하는 사건이나 현상을 기술하는 데 사용하는 물리량이다. 움직이는 물체를 설명하려면 시간이라는 개념이 필요하지만, 변함없이 항상 일정한 상태로 정지해 있는 물체에는 시간이라는 개념이 필요 없다. 따라서 하나님께서 시간을 창조하신 후에는 그 시간의 흐름 안에서 우주 만물, 즉 인간을 포함한 이 땅의 피조물은 모두 끊임없이 변화하게 된다. 하나님께서 모든 피조물 중에 특히 인간을 시간 안에 두신 이유는 인간으로 하여금 변화하도록, 즉 성장할 수 있도록 허락하신 것이라 할 수 있다.

그렇다면 우주의 시작을 알리는 시간의 창조 이전은 과연 어떤 세계였을까? 어떤 과학적 이론으로도 그 상황을 정확히 설명하기는 어렵다. 시간의 개념 자체가 존재하지 않는 태초 이전의 상태는 인간이 쉽게 인식할 수 없는 '시간 밖의 영역'이기 때문이다. 다만 그것은 변하지 않는 영원한 세계였을 것이 분명하다. 그리고 하나님께서는 시간을 창조하기 전에 시간의 영역 밖에서 이미 존재하셨기에, 시간 안에서 유한한 존재인 인간과는 달리 어떠한 시간의 제한도 받지 않는다고 볼 수 있다.

성경에는 이와 관련된 기술이 등장하는데, 출애굽기 3장 14절에서 하나님은 자신을 '스스로 존재'하는 분이라고 선언했으며, 베드로후서 3장 8절은 "주께는 하루가 천 년 같고 천 년이 하루 같다는 이 한 가지를 잊지 말라"고 말한다. 시간 안에서 변화하는 인간과 달리 영(Spirit, 靈)이신 하나님은 시간 밖에서 영원히 자존하는 존재인 것이다. 이러한 하나님은 예나 지금이나 변함없이 시간 안에서 인간들을 인격적으로 만나주시고, 끝없는 사랑을 부어주신다. 시간 안의 인간과 시간 밖의 하나님이 서로 인격적으로 연결되고, 우리가 그 존재와 사랑을 느낄 수 있다는 것은 참으로 엄청난 사건이 아닐 수 없다.

시간은 인간에게 주어진 가장 귀한 선물이자 축복이다. 왜냐하면 모든 피조물 중 오직 인간만이 시간 밖에서 끊임없이 공급되는 하나님의 사랑을 받아 변화와 성장이 가능하기 때문이다. 그리고 이러한 성화의 과정은 인간이 육신을 입고 사는 동안, 즉 하나님이 만들어놓으신 '시간' 안에 살고 있을 때에만 가능한 일이다. 마치 사람이 몸을 가지고 살아 있는 동안에만 따스한 햇볕을 받아 태양의 존재를 경험할 수 있듯이 말이다. 따라서 하나님께서 인간에게 시간을 허락하신 진정한 이유는, 어쩌면 다시 흙으로 돌아갈 수밖에 없는 운명을 벗어나 이 땅에서 예수님과 같은 사랑의 인격으로 변화될 수 있는 기회를 주시려는 것이 아닐까.

시간의 개념에 대한
새로운 이해

절대적인 시간, 상대적인 시간

　　　　　　　　　　인류는 시간에 대한 체계적 이
해를 통해 문명과 과학기술을 발전시켜왔다. 그리고 그만큼 일상생
활과 농업에는 정확한 시간 측정이 매우 중요했다. 고고학적 자료에
의하면 바빌로니아와 이집트 등 고대 문명사회에서도 해시계, 물시
계 등으로 시간을 측정했다. 오늘날에는 오차가 수십 조 분의 1 이하
인 원자시계의 개발로 더욱 정밀한 시간 측정이 가능하며, 이는 글
로벌위치추적시스템(Global Positioning System)을 이용한 다양한 측정
기술에 사용되고 있다.

　한편 인간을 포함한 모든 생명체는 심장 박동 등의 생체 시계를
지니고 있어 자체적으로 시간을 측정할 수 있는데, 이런 생체 시계

는 뇌와 신체가 상호 연동하는 데 핵심 역할을 하며, 이를 통해 노화나 질병에 대한 생체 정보도 얻을 수 있다.

그런데 인간이 감지하는 시간에는 물리적 시간만이 아니라 '마음의 시간'도 있다. 과거의 경험에 대한 기억 속에서는 시간의 흐름이 다르게 느껴지기도 하는데, 화가 살바도르 달리(Salvador Dalí)는 이러한 시간의 상대적인 개념을 그림 속에서 흐물흐물하게 늘어진 시계의 모습으로 표현하기도 했다.

참고로 과학의 역사를 들춰보면, 17세기의 물리학자 아이작 뉴턴(Isaac Newton) 이전에는 (시간의 개념과 함께) 공간 개념이 절대적인 것으로 받아들여지고 있었다. 그리고 이에 의하면 지구는 우주 공간에서 특정한 절대적인 위치에 놓여 있다고 생각했다. 그러나 뉴턴에 의해 이런 절대적 공간 개념이 깨지고, 우주에서 절대적인 위치란 존재하지 않으며 오직 상대적인 거리 차이만 있다는 것을 알게 되었다. 즉, 우주에는 절대적인 공간적 좌표 또는 공간적 기준점이 존재하지 않는다는 것인데, 상대방의 절대적 위치는 말할 수 없으며 단지 나와 얼마나 상대적인 위치에 있는지만을 알 수 있다는 것이다. 그리고 이러한 뉴턴의 새로운 공간 개념에 의해, 인간이 살고 있는 지구가 우주 공간상에서 특별하고 절대적인 위치에 있다고 믿어온 고정관념도 틀렸음을 알게 되었다.

과거의 절대적 공간 개념은 어쩌면 하나님이 창조하신 인간이 살고 있는 지구라는 장소가 그 무엇보다 중요한 의미를 갖는다는 자기중심적 생각의 결과라고도 볼 수 있다(성경에서는 지구가 우주의 중심이라고 얘기하지는 않는다).

  뉴턴은 기존의 공간 개념에서 벗어나 공간의 상대적인 개념을 새
롭게 제시했지만, 한편으로 시간에 대해서는 여전히 아리스토텔레스
이후로 받아들여져왔던 '절대적인 시간 개념'을 고수하고 있었다. 다
른 과학자들 역시 우주가 하나의 공통 시계에 맞춰 움직인다는 뉴턴
의 '절대적 동시성'이라는 시간 개념을 유지해왔다('절대적 동시성'이란 서
로 다른 상태에 있는 두 물체에 대해 두 개의 시계를 사용하여 각각의 움직임을 측정할
경우, 사용된 두 시계가 서로 동기화(synchronization)되어 있다면 두 물체는 누구에게
나 절대적으로 같은 시간에 측정되어야 한다는 시간 개념이다).

  그러나 이러한 고전적인 시간의 개념은 19세기 후반부터 달라지
기 시작했다. 그리고 20세기 초 이 절대적 시간 개념은 드디어 깨어
지게 된다. 이전까지 유지되어온 절대적 동시성이라는 시간 개념이
무너지고, 알베르트 아인슈타인(Albert Einstein)의 상대성이론에 의해
이 세상이 하나의 절대적인 시간에 따라 움직이지 않는다는 것이 밝
혀진 것이다. 이것은 시간 개념에 엄청난 변화를 가져왔으며 기존의
우주관에도 커다란 발전을 가져왔고, 이로 인해 새로운 인식의 패러
다임이 도입되었다.

시간은 어떤 특성을
가지고 있을까?

시간의 상대성

이제 시간에 대해 과학적으로 설명해보자.

아인슈타인은 상대성이론을 통해 시간의 개념에 관해 정확하게 규정하였다. 핵심 내용은 시간과 공간 내의 두 사건 사이에 흐른 시간 간격은 서로 다른 상태에 있는 관찰자에게 서로 다르게 측정된다는 것이다[물리학적으로 사건(event)이란 시간과 공간 안에서의 한 점, 즉 어느 특정한 시각과 위치를 의미한다. 따라서 두 사건은 시간과 공간 안에서의 서로 다른 두 점을 의미한다. 예를 들어 2019년 1월 1일의 서울은 시간과 공간상의 특정한 한 점에 해당한다. 그리고 2018년 1월 1일의 뉴욕은 시간과 공간상의 또 다른 한 점에 해당한다].

한마디로 누가 시간을 측정하느냐에 따라 서로 다르게 관측된다는 것으로, 이러한 시간의 상대성을 설명하는 것이 아인슈타인의 '특수상대성이론'이다. 아인슈타인 이후, 고전적인 절대적 시간 개념은 상대적인 개념으로 그 패러다임이 바뀌게 되었다. 오랫동안 인간의 생각을 지배해오던 시간의 절대성이 깨지고, 시간에 대한 근본적인 법칙은 상대성이라는 것을 알게 된 것이다. 이것이 1905년의 일이었으니, 지금으로부터 불과 110여 년 전의 일이다.

시간은 관찰자에 따라 다르게 흐른다

상대성이론에 의하면 시간은 절대적인 것이 아니고 항상 상대적이다. 빠르게 움직이는 기차 안에 있는 관찰자의 시계는 땅 위에 서 있는 관찰자의 시계보다 천천히 가게 된다. 그러므로 시간과 공간 안에서 주어진 두 사건 사이에 흐른 시간은 빨리 움직이는 관찰자에게 상대적으로 더 짧게 느껴지게 된다. 움직이는 시계가 상대적으로 느리게 가는 것이다. 이처럼 관찰자가 움직이는 속도에 따라 측정된 시간은 상대적으로 달라진다.

참고로 우주에는 변하지 않는 항상 일정한 속력이 존재하는데 그것은 빛의 속도, 즉 광속이다(광속은 1초에 30만 킬로미터를 달리는 속력이며 이는 물질계에서 얻을 수 있는 가장 빠르고 절대적인 속도이다. 어떤 물질도 광속보다 빨리 움직일 수 없다). 이런 의미에서 광속은 상대성 내에서 절대성을 갖는 빛의 특성이라고 할 수 있다. 시간의 상대성은 빛보다 느리게 움직이는 모든 물질세계에 적용되는 법칙인 것이다.

상대적인 시간의 흐름에 대해 좀 더 쉽게 설명해보자. 정지해 있는 기차 안에서 어떤 사람이 매일 정기적으로 자기 집으로 편지를 한 장씩 보낸다고 가정하자. 그리고 기차 안의 사람과 집에 있는 가족은 동일한 종류의 시계로 각각 시간 간격을 측정한다고 하자. 시간의 단위는 편지와 그다음 편지 사이의 시간 간격으로 정의한다(즉, 시공간 안의 두 편지가 상대성이론에서 말하는 두 사건에 해당한다). 그러면 얼마 후에 집

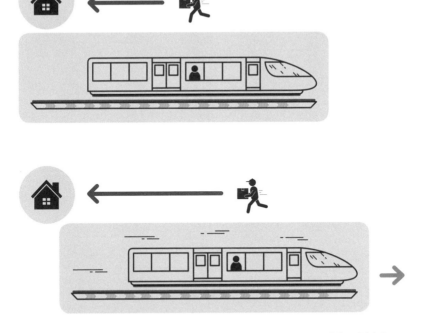

정지해 있는 기차(위 그림)와 움직이는 기차(아래 그림) 안에서 매일 한 장씩 보내는 편지를 가상의 우체부가 집으로 배달하는 모습

에 있는 가족은 정확히 하루에 한 번씩 편지를 받아보게 된다(물론 기차와 집 사이에서 가상의 우체부가 매일 똑같이 편지를 배달해준다고 가정한다).

기차와 집이 서로 상대적으로 움직이지 않고 정지해 있는 경우에는 기차 내에서 측정한 두 사건 사이의 시간 간격(즉, 두 편지 사이에 흐른 시간 간격)은 집 안에서 측정한 두 사건 사이의 시간 간격과 동일하다. 즉, 상대적으로 서로 정지해 있는 두 관찰자에게는 동일한 시간의 흐름이 측정되며, 따라서 두 관찰자의 시계는 같게 움직인다.

이번에는 이 기차가 빠르게 집에서 멀어지고 있다고 생각해보자. 그리고 기차 안에 있는 사람은 여전히 자기의 시계로 볼 때 정확히 하루에 한 장씩 편지를 계속 집으로 보낸다고 하자(물론 동일한 우체부가 동일한 조건으로 편지를 배달한다고 가정한다).

이 경우 이제는 집에 있는 사람이 편지를 받는 시간 간격이 하루가 아니라 그보다 더 길어진다. 하루와 하루 사이에 그만큼 기차의 위치가 집에서 더 멀어져 있기 때문이다. 즉 빠르게 달리고 있는 기차의 시간은 정지해 있는 집의 시간에 비해 느리게 흘러가게 된다. 하루에 한 번씩 받아보던 편지를 이제는 며칠, 아니 몇 달에 한 번씩 받게 된다. 집 안에 있는 사람에게는 편지와 편지 사이의 시간 간격이 하루가 아니라 1년, 또는 천 년, 백만 년이 될 수도 있는 것이다.

따라서 기차 안에 있는 사람보다 집 안에 있는 사람에게는 더 오랜 시간이 흐르는 것으로 측정된다(집에서 보면 움직이는 기차 안의 시계가 더 천천히 간다). 다시 말해 움직이는 기차 안에서는 기차의 속도와 상관없이 동일하게 1초가 흐르지만, 기차 밖에 있는 사람에게는 기차의 속도가 빨라질수록 그 시간 간격은 더욱 길어지게 된다.

반면 기차 안에 있는 사람의 입장에서 보면, 자신은 기차 안에 정지해 있고 도리어 집이 자신으로부터 빠르게 멀어지는 것처럼 보인다. 따라서 기차 안에 정지한 자신의 시계보다 움직이는 집의 시계가 상대적으로 더 느리게, 즉 더 천천히 가는 것으로 관측된다. 시간의 단위(두 편지 사이에 흐른 시간)가 기차 안에서와 집에서 서로 다르게 측정되는 것이다.

요약하면, 시간의 흐름은 누가 그 시간을 측정하느냐에 따라 달라지며 동일한 두 사건 사이의 시간 간격도 관찰자의 상태에 따라 서로 다르게 측정된다. 이처럼 주어진 상황과 각자의 위치에 따라 시간의 흐름을 서로 다르게 느끼게 되는 것이 바로 '시간의 상대성'이며 '움직이는 시계는 천천히 간다'라는 말의 의미이다.

창세기는 시간을 어떻게
설명하고 있는가?

성경의 시간 개념

그러면 성경에서는 시간의 개념을 어떻게 사용하고 있을까?

우선 아담 이전의 시간의 흐름과 아담 이후의 시간의 흐름이 다르다는 것을 알 수 있다. 창세기 1장에는 '날(day, yom)'이라는 단어를 쓰고 있다. 어떤 신학적 해석에서는 이 '날'이라는 단어를, 특정할 수는 없지만 상당히 긴 기간의 시간을 의미하는 것으로 본다. 그런데 창세기 3장부터 아담 이후의 이야기를 설명할 때도 똑같은 히브리 단어 yom을 사용한다. 그러므로 창세기 1장의 yom과 창세기 3장 이후의 yom을 굳이 다르게 해석할 필요는 없을 것이다. 더구나 창세기 2장 4절에서는 '날'이라는 단어와 함께 긴 시간을 의미하는 '세대

(generations, toledot)'라는 단어를 동시에 사용한다. 즉 오랜 시간을 지칭할 때 쓰는 별도의 히브리 단어 toledot가 있으므로, 굳이 1장에 쓰인 '날'이 긴 시간을 의미한다고 볼 필요는 없을 것이다.

그런 의미에서 필자는 창세기 1장의 '날'은 아담 전후로 사용된 동일한 '날'의 개념, 즉 오늘날 사용되는 것과 같은 24시간을 의미한다고 해석하고자 한다. 참고로 창세기 1장의 첫째 날은 first day라는 상대적인 순서의 개념보다는 Day 1이라는 절대적 개념으로 사용된다. 그리고 둘째 날부터도 second라는 의미보다는 2, 3, 4, … 등의 절대 숫자로 사용되고 있다(여기에는 무언가 특별한 의미가 내포되어 있다고 보이는데, 다음 장에서 '시간의 상대성'과 결부하여 생각해보겠다).

신명기 32장 7절을 보면 "옛날을 기억하라 역대의 연대를 생각하라 네 아버지에게 물으라 그가 네게 설명할 것이요 네 어른들에게 물으라 그들이 네게 말하리로다"라고 기록되어 있다. 이 구절은 영어로는 "Remember the days of old, consider the years of many generations"이다. 하나님께서 이스라엘 백성에게 자신을 계시하시고자 한 이 말씀에는 하나님을 알 수 있는 두 가지 방법에 서로 다른 두 시간 개념이 등장한다. 하나는 '옛날', 곧 'days of old'이고, 다른 하나는 '역대의 연대', 'years of many generations'이다.

전자는 창세기에서 세상을 창조한 6일, 즉 '6 days of Creation'을 의미하는 것으로 이해할 수 있다. 모세는 이 오래전의 6일 동안에 이뤄진 천지창조를 기억하면 하나님을 알 수 있다고 말한다. 후자는 역대의 연대, years of many generations로서, 곧 창조 이후 이스라엘 백성이 수많은 세대를 거듭하면서 오랜 시간에 걸쳐 직접 하나님을 경험한 구약의 구속사를 통해서도 하나님을 알 수 있다고 말한 것이다. 한마디로, 창조의 역사를 통해서든 인류의 역사를 통해서든 우리는 창조주 하나님을 알 수 있다.

참고로 이 두 가지 시간적 개념 중에서 후자의 '연대(years)'는 우리가 살아가는 해(year)와 동일한 의미이다. 다시 말해 창세기의 시간(연대, years)과 현재 사용하는 한 해(year)는 같은 시간, 즉 12개월, 365일이다. 그러나 태초의 우주 역사를 추측할 수 있는 실마리를 제공하는 '옛날(days of old)'은 아담 이전의 시간을 의미하므로 앞서 언급한 대로 다소 다른 시간 개념이 사용되고 있다. 태초와 현재 사이에 시간의 흐름을 측정하는 관찰자가 서로 다르기 때문이다.

태초의 시계와 현재의 시계는
어떻게 다를까?

시간과 공간 속의 두 시계

앞선 장에서 시간의 상대성에 대해 알아보았다. 그렇다면 이러한 시간의 상대성을 고려한 우주의 나이는 과연 어느 정도의 시간에 해당할까? 이것은 그동안 수많은 논란과 연구가 거듭되어온 주제이다. 앞서 언급한 대로 일반적으로 과학자들은 우주의 나이를 대략 140억 년 정도로 추정하고 있다. 그런데 성경에 따르면 창세기 1장의 6일과 그 이후의 시간을 지금까지 다 더한다 해도 우주의 나이가 6천 년 정도밖에 되지 않으므로 커다란 차이가 생긴다.

기독교인들은 이러한 괴리를 어떻게 받아들여야 할까? 과학적 이해와 성경 사이에는 커다란 모순과 상반되는 내용이 있는 것일까,

아니면 같은 것을 단지 서로 다른 관점에서 보기 때문에 차이가 존재하는 것처럼 보이는 것일까?

필자는 후자일 것이라고 본다. 그리고 한 걸음 더 나아가 현대과학과 성경은 우주의 나이를 이해하는 데 상호 보완적인 부분을 가지고 있다고 생각한다. 단지 시간에 대한 이해가 부족해서 빚어진 일이 아닌가 한다.

먼저 우주의 나이가 140억 년이라는 것에 대해 생각해보자. 2019년 현재의 관점에서 봤을 때 빅뱅 또는 태초에 우주의 시작을 알린 사건이 지금으로부터 140억 년 전의 일이라는 것이다. 즉, 현재 지구상의 시계로 측정했을 때 우주 태초의 사건은 현재로부터 140억 년 전에 발생한 것이다.

그런데 만일 현재가 아니라 과거 우주가 시작되었을 당시에 시간을 측정했다면 그때부터 오늘 현재까지의 시간은 얼마나 될까? 물론 우주 초기에는 인간이 존재하지 않았으므로 가상의 관찰자를 가정해야 할 것이다(만일 절대자 또는 절대적 관찰자가 존재했다면 아마도 그는 그때부터의 시간 흐름을 측정할 수 있었을 것이다). 그렇다면 그에게도 역시 140억 년의 긴 시간이었을까 아니면 다른 시간으로 측정되었을까? 이것이 여기에서 다루려는 근본적인 질문이다.

태초의 우주라는 사건과 현재의 우주라는 사건 사이에 흐른 시간이, 서로 다른 두 관찰자(하나는 초기 우주의 관찰자이고 다른 하나는 현재 지구에 살고 있는 나)에게 같은 시간으로 측정될까, 아니면 다른 값의 시간으로 측정될까? 앞서 우리가 본 대로(편지 배달의 경우와 마찬가지로), 상대성이론에 의하면 두 관찰자에게는 분명히 이 시간이 서로 다르게 측정될 것이다. 어느 관찰자에게 시간의 흐름이 상대적으로 더 천천히 느리게 가는지, 그리고 구체적으로 얼마나 느리게 가는지가 관건이다.

이제 우주 생성에 대한 현대의 이론과 실험적 사실에 근거하여 우주의 나이에 대해 새롭게 이해해보자.

관찰자에 따른 시간의 상대성

먼저 어느 관찰자의 시계가 더 천천히 갈지 생각해보자. 오늘날 대부분의 과학자들이 우주의 기원으로 받아들이고 있는 빅뱅 이론에 따르면 초기 우주는 매우 큰 에너지로 폭발했고, 그 직후 매우 빠른 속도로 팽창하였다. 지구상에서 멀리 떨어진 별들에서부터 지구에 도착하는 원소들의 스펙트럼을 조사하니 지구에서 관측되는 파장보다 더 긴 스펙트럼이 관측되었다. 이것을 적색편이 현상이라고 하는데, 이에 따르면 멀리 있는 별들은 지구에서 멀어지고 있는 것이다. 또한 1928년의 허블 망원경 관측 결과를 통해 별들 사이의 거리도 서로 더 멀어지고 있음을 발견했다. 즉, 우주는 지금도 계속 팽창하고 있는 것이다.

이것이 의미하는 바는 무엇일까? 만일 시간을 거꾸로 돌린다고 가정하면 팽창하는 우주는 수축하게 될 것이고, 과거로 갈수록 더욱 작아져 하나의 점이었을 것이라고 생각할 수 있다. 이렇게 하나의 점에서 우주가 시작되었다는 것이 바로 빅뱅, 즉 우주대폭발 이론이다. 그리고 당시 그 우주 폭발은 무한히 큰 에너지에 의해 폭발되었고(지금 온 우주의 모든 에너지를 합한 에너지보다도 훨씬 더 큰 에너지), 폭발 직후에는 그 큰 폭발 에너지에 의해 매우 빠른 속도로(처음에는 거의 빛의 속도 정도로 빠른 속도) 우주가 팽창하기 시작했다고 보는 것이다.

반면 오늘날의 우주는 초기 우주와 비교하면 거의 정지상태라고 할 정도이다. 실제로 오늘날 허블 망원경으로 측정한 우주의 팽창속도는 초기 우주의 팽창속도보다는 현저히 느리다(오늘날 우주의 팽창속도는 초당 68킬로미터의 빠른 속도이지만 이는 초기 우주의 팽창속도에 비하면 거의 무시할 수 있을 정도로 작은 값이다).

초기 우주의 팽창속도가 오늘날의 우주보다 매우 빨랐다는 것을 앞서의 비유에 대입해보면 초기 우주를 빨리 움직이는 기차로, 오늘날의 우주를 기차 밖에 정지해 있는 집이라고 생각할 수 있다. 따라서 절대적 관찰자의 존재 가능성과 무관하게 초기 우주의 시간은 오늘날 우주(지구)의 시간보다 매우 느리게 흘렀을 것이라는 사실을 우리는 쉽게 이해할 수 있다(이러한 이론을 아인슈타인의 특수상대성이론이라고 한다. 그리고 아인슈타인의 일반상대성이론에 의해서도 주위 시공간의 중력 상태에 따라 시간이 상대적으로 다르게 흐른다는 것을 알 수 있다).

우주의 나이는
얼마일까?

초기 우주의 시계와 현재의 시계

우주대폭발(빅뱅) 이후 물질로 구성된 초기 우주의 온도는 현재보다 약 3조 배 정도 높았다고 알려져 있다. 이렇게 높은 온도의 에너지는 거의 빛의 속도에 가깝게 우주를 빠르게 팽창시켰다. 즉, 초기의 우주는 매우 빨리 움직이는 관찰자에 해당한다. 따라서 우주 생성 초기의 시계는 상대적으로 팽창이 거의 정지된 오늘날(정지해 있는 지구 위의 관찰자)의 시계보다 상대적으로 매우 천천히 갔던 것이다.

그렇다면 구체적으로 몇 배나 느리게 갔을까? 이것을 알기 위해서는 우선 초기 우주의 시간 단위와 오늘날 우주의 시간 단위를 비교해야 한다(초기 우주에서 편지와 편지 사이의 시간 간격과 오늘날 지구에서의 그 시간 간격을 비교하는 것과 같다). 그런데 두 시계를 어떻게 비교할 수 있을까?

방법이 있다. 놀랍게도 우주 전체에는 그것을 가능하게 하는 열쇠가 널리 퍼져 있기 때문이다. 창조주의 발자취라고도 할 수 있을, 과거 초기 우주의 상태와 비교할 수 있는 그 기록은 다름 아닌 우주배경복사(cosmic background radiation)이다.

우주에는 파장이 3센티미터인 마이크로파(일종의 전자기파)가 존재하는데, 1965년 미국 벨 연구소의 연구원이었던 펜지아스와 윌슨은 그것을 마이크로파 망원경으로 관측했다. 펜지아스와 윌슨은 이 우주배경복사의 관측과 발견으로 노벨 물리학상을 수상했다. 한편 이 파장의 값을 통해 현재 우주 공간의 온도 값을 알 수 있는데, 흑체복사(black-body radiation) 이론에 의하면 현재 우주의 온도는 섭씨 -270도이다(절대온도 3도). 즉, 우주선을 타고 우주에 나가서 온도를 측정하면 이 측정값을 얻을 수 있다.

그렇다면 초기 우주의 온도는 얼마였을까? 이 값을 알 수 있다면 그 당시 우주배경복사의 파장을 알 수 있고, 그때의 파장 값과 오늘날 우주배경복사의 파장을 비교하여 초기 우주와 지금의 단위 시간의 차이, 즉 두 시계의 주파수 차이를 알 수 있다.

그러면 이제 초기 우주의 온도를 구해보자. 초기에 큰 에너지에 의한 폭발로 물질(핵을 구성하는 쿼크)이 생긴 시점, 즉 첫 물질이 생긴 시점을 기점으로 했을 때의 우주의 온도는 양성자를 구성하는 쿼크의 에너지로부터 예측할 수 있다(주: 쿼크가 생긴 시점은 빅뱅 직후 100만 분의 1초가 지난 후인데, 여기서는 이 순간을 빅뱅에 의한 물질세계의 시작점으로 정한다). 스위스 제네바에 있는 거대 입자 가속기(LHC)에서 측정한 값에 의하면 그 첫 물질(입자)의 에너지는 대략 1기가 전자볼트(GeV)이고, 이것을 온도로 환산하면 10^{13}절대온도(10^{13}은 10조)이다.

이것은 첫 물질이 생긴 당시의 우주의 온도가 지금보다 대략 3조 배(3×10^{12}배) 높았음을 의미한다. 즉 우주대폭발 직후 첫 물질이 생성된, 따라서 물질세계를 처음으로 설명할 수 있는 당시 우주의 온도는 현재 우리가 살고 있는 우주의 온도보다 약 3조 배 높았던 것이다. 또 이는 빅뱅 당시 우주배경복사의 주파수가 지금의 주파수보다 3조 배 정도 높았다는 것을 의미한다.

따라서 우주 창조 초기의 우주 시계의 한 주기(우주배경복사의 한 주기를 말하며 앞의 예에서는 편지를 한 장씩 보내는 사건의 주기로 생각할 수 있다)는 오늘날 우주 시계의 한 주기보다 3조 배 정도 짧았던 것이다. 즉, 태초의 우주 시계는 지금보다 3조 배나 느리게 똑딱거리고 있었던 셈이다. 따라서 빅뱅 직후 첫 물질이 생겨났을 때의 1초는 오늘날 지구상의 시간으로 환산하면 3조 초, 즉 9만 년 정도가 된다.

성경의 시간과 우주의 나이

이러한 결과를 사용해 계산해보면, 태초의 첫날 24시간은 오늘날의 시간으로 약 80억 년에 해당된다. 그런데 우주가 급속히 팽창하면서 온도가 급격히 낮아졌고, 우주의 팽창속도도 그만큼 줄어들게 되었다. 이러한 냉각 효과를 고려하면 둘째 날의 24시간은 오늘날의 시간으로 약 40억 년이고, 셋째 날은 약 20억 년, 넷째 날은 10억 년, 다섯째 날은 5억 년, 그리고 여섯째 날은 대략 2.5억 년에 해당한다고 볼 수 있다. 현재를 기준으로 이를 역산해보면 다섯째 날은 지금으로부터 7.5억 년 전에서 2.5억 년 전까지, 약 5억 년에 해당하는 기간이다. 그리고 여섯째 날은 2.5억 년 전부터 대략 6천 년 전까지의 기간이 된다.

이 시간을 단순히 더해보면, 성경에서 세상이 창조된 6일간의 시간은 지금으로부터 대략 157억여 년 전이라고 할 수 있다. 그리고 이것은 오늘날의 과학자들이 주장하는 수치와 놀라울 만치 비슷하다(사실 우주의 팽창에 따라 우주의 온도가 낮아지는 것을 좀 더 정밀하게 계산한 제럴드 슈뢰더(Gerald Schroeder) 박사에 의하면 약 140억 년 정도의 값이 된다).

요컨대 오늘날 지구상의 인간의 관점에서 보면 우주는 약 140억 년의 오랜 역사를 갖는다. 그렇지만 창조 당시 창조주의 관점에서 보면 이는 단지 6일간의 일이다. 다시 말하면, 초기 우주의 관점(빠른 속도의 팽창 상태)에서 현재를 바라보면 6일간의 사건이지만, 현재 우주의 관점(상대적인 정지상태)에서 과거의 초기 우주를 바라보면 140억 년간의 사건이라는 것이다.

물론 여기에서 간단하게 설명한 것으로 모든 문제가 해결된다고는 생각하지 않는다. 또 다른 의문들도 얼마든지 생길 수 있을 것이다. 그러나 적어도 시간에 대한 과학적 이해를 통해, 성경의 내용이 과학과 상호 보완적일 수 있다는 것을 알게 된다. 창세기 1장의 내용이 오늘날 인간의 관점이 아니라 태초에 창조주의 관점, 즉 창조주의 시간 안에서 이루어졌다는 점을 생각하면 더욱 그러하다.

우주는 무(無)에서 창조되었으며, 오늘날까지 남아 있는 창조의 흔적들을 통해 우리는 하나님의 엄청난 지혜를 부분적이나마 조금씩 깨달을 수 있다. 또 그러한 깨달음이 쌓이면서 인간은 각자의 제한된 사고와 이성의 범위를 벗어나, 대립과 모순의 관계에서 상호 보완의 관계로 나아갈 수도 있을 것이다. 이렇듯 과학과 성경에 대한 이해가 커질수록 우리는 다른 차원의 깨달음이라는 '이해의 선물'을 얻게 될 것이다.

하나님의 시간과 인간의 시간은
어떻게 다를까?

시간의 두 가지 개념, 카이로스와 크로노스

시간의 개념에는 일반적으로 두 종류가 있다. 하나는 크로노스(chronos)로서 이는 우리에게 익숙한 분, 시, 일, 월, 년 등과 같이 기계적으로 측정되는 시간의 양(quantity)을 의미한다. 다른 하나는 카이로스(kairos)인데, 이는 어느 특별한 관계적 의미를 갖는 완벽한 순간이나 타이밍을 의미하며 양보다는 질(quality)과 관련된 개념이다. 특히 어떤 깨달음의 순간을 묘사하거나 획기적인 전환점이 일어났을 때 사용하는 시간이 카이로스이다(주: 크로노스와 카이로스에 대한 성서학자들의 연구에 의하면 신약성서내의 용례를 볼 때 이 두 단어는 거의 동의어에 가깝게 사용되는 것으로 알려져 있다. 그러나 보통 이 두 가지 시간으로 나눠서 생각하는 것에 익숙해 있기에 여기서는 편의상 두 개념을 사용하고자 한다).

고대 그리스의 철학자이자 과학자였던 아르키메데스(Archimedes)는 물이 가득 찬 욕조에 들어가면서 자기 몸의 부피만큼 물이 넘쳐흘렀다는 사실을 깨닫는 순간 "유레카(Eureka)!"라고 외쳤다고 한다. 이 순간이 그에게는 놀라운 카이로스의 시간이었던 것이다. 카이로스라는 단어는 궁수가 활을 과녁에 맞추기 위해 중간에 있는 장애물에 구멍을 뚫는 순간을 의미한 데에서 유래했다고 한다.

이와 같이 크로노스가 정량적이면서 기계적인 의미를 갖는 반면, 카이로스는 정성적이면서 관계적인 의미를 갖는다고 할 수 있다. 크로노스는 시간의 상대성이나 우주의 나이를 설명할 때 사용하는 객관적인 시간의 개념으로서, 측정이 가능한 물리량이다. 반면에 카이로스는 객관적으로 측정할 수 있는 양이라기보다는 경험되어지는 시간을 의미하므로, 사람마다 다르게 느낄 수 있다. 예컨대 "범사에 기한이 있고 천하 만사가 다 때가 있나니"라는 구절로 시작하는 전도서 3장 1-8절에 나오는 때(시)는 카이로스를 의미한다. 마태복음 2장 1절의 "헤롯 왕 때에 예수께서 유대 베들레헴에서 나시매"에서의 때는 크로노스이고, 갈라디아서 4장 4절의 "때가 차매 하나님이 그 아들을 보내사 여자에게서 나게 하시고 율법 아래에 나게 하신 것은"에서의 때는 카이로스이다.

여기서 시간의 시작을 알린 창세기 1장 1절을 다시 생각해보자. '태초에'라는 구절의 히브리 원어는 beresheet인데 be는 영어의 in

에 해당하는 전치사이고 resheet는 beginning을 뜻하는 명사이다. 그래서 이 구절을 보통 영어로는 'in the beginning'으로 번역한다. 그런데 히브리어 명사의 용법에 따르면 이 구절을 'in the beginning of'로도 번역할 수 있는데, 그럴 경우 'in the beginning of time'이라는 의미로 이해할 수 있다. 물론 여기에서 사용된 시간의 개념은 크로노스의 관점을 사용하는 것이다.

한편 창세기 1장 1절의 시간의 개념을 카이로스로 이해하려는 신학적 관점도 있는 것 같다. 좀 더 부연하면, 이때의 시간을 크로노스적으로 본다면 in 'the' beginning과 같이 정관사가 붙음으로써 특정한 시간에 국한되고, 따라서 창조의 때는 구체적이고 한정된 의미를 갖는다. 그리고 과거, 현재, 미래라는 시간의 순서와 사건들이 모두 정확히 구분된다.

반면 카이로스적으로 해석하면 'in beginning'과 같이 정관사 없이 이해함으로써 구체적인 창조의 때가 한정되지 않으므로 오로지 동사를 통해서만 그 상황을 알 수 있다. 창세기 1장 1절의 창조(bara)와 관련된 히브리어 동사는 완료형인데, 하나님 시간에서의 완료형은 인간의 과거-현재-미래를 모두 포함한다는 점에서 현재에도 하나님의 창조의 역사는 계속되는 것으로 간주한다(이와 같은 하나님의 시간은 '영원한 현재'로 이해할 수 있는데, 자세한 내용은 제3부 '빛의 창조' 부분에서 설명하겠다).

우리는 시간 속에서 어떻게
창조주를 느낄 수 있는가?

시간의 경험

우리 인간은 크로노스적인 시간을 산다. 그렇다면 그러한 이 땅의 인간이 창조주 하나님의 카이로스적인 시간을 경험할 수 있을까? 적용되는 시간의 개념과 법칙이 전혀 다르니 그 접점을 찾기는 쉽지 않을 것이다. 무엇보다 인간은 '주어진 시간' 안에서만 살아가기 때문에, 시간에 대해서는 수동적인 존재라고 할 수 있다.

하늘과 땅의 모든 시간의 주체이자 주인은 인간이 아니라 오직 하나님이다. 어떤 인간도 시간의 흐름을 막을 수 없으며, 남는 시간을 저장했다가 나중에 필요할 때 꺼내 쓸 수도 없다. 시간은 가두고 모아둘 수 있는 것이 아니기 때문이다.

물리학적으로도 '시간이 흘러간다'라는 것이 정확히 무엇인지 알기는 어렵다. 철학자들에게도 이해의 한계가 있기는 마찬가지일 것이다. 인간이 실제 현실 속에서 경험하는 시간은 오직 '현재'뿐이기 때문이다.

반면 창조주 하나님은 과거와 현재와 미래를 한 점에 묶어놓은 '영원한 현재' 가운데 스스로 계신 분이다(제3부 '빛의 창조' 참조). 인간은 주어진 순간순간의 현재 가운데서 영원한 하나님을 경험할 수 있으며, 이것이 인생에서 무엇보다 의미 있고 중요하다고 할 수 있다.

가장 중요한 현재의 시간

인간에게는 과거도 있고 현재도 있고 미래도 있지만, 가장 실체적인 것은 현재다. 오늘이라는 시간을 회피하고 그냥 흘려보내면 미래는 매우 불투명하지만, 오늘을 충실히 산 사람은 미래를 기대할 수 있다. 현재를 받쳐주지 못하는 과거는 생각하기 싫은 추억일 뿐 현재를 위해선 아무 도움이 못 된다. 또한 현재에 기반하지 않은 미래는 막연한 상상이나 신기루에 불과할 것이므로 진정한 나의 미래와는 무관하다. 따라서 지금 현재를 어떻게 사느냐가 가장 중요하다. 현재가 튼튼하면 과거 역시 좋은 추억으로 돌이킬 수 있고, 그 과거를 바탕으로 현재를 일구고 나아가 미래를 기대할 수 있다.

신앙에 있어서도 현재가 중요하다. 지금 현재의 나와 하나님과의 관계가 어떠한지가 가장 중요하다. 과거에 어떠했다거나 미래에는 이러할 것이라는 것은 별로 도움이 되지 않는다. 성경에서도 항상 강조하는 것은 '현재'의 중요함이다. 현재 내가 하나님을 어떻게 신뢰하고 믿고 있느냐가 바로 그 사람의 미래를 결정하게 되기 때문이다.

성경의 중요한 신학적 개념 중 하나로 '이미, 그러나 아직(already, but not yet)'이라는 것이 있다. 여기에서 '이미(already)'는 하나님의 카이로스적 시간이고 '아직(not yet)'은 인간의 크로노스적 시간이라 할 수 있다. 선지자 이사야는 예수님이 다시 오셔서 이 땅에 하나님의 나라를 이룩하실 것이라고 예언한다("나 여호와가 시온의 모든 황폐한 곳들을 위로하여 그 사막을 에덴 같게, 그 광야를 여호와의 동산 같게 하였나니 그 가운데에 기뻐함과 즐거워함과 감사함과 창화하는 소리가 있으리라", 이사야 51:3).

우리는 이미 예수님이 왕이심을 알고 그분의 구원의 선물을 경험하고 있지만(already), 동시에 그분의 나라의 충만함과 이 땅에서 그분의 구원의 사역이 완성되기를 기다리고 있음도 알고 있다(not yet). 요한의 서신에서도 우리는 '이미'와 '아직'을 접하게 된다["사랑하는 자들아 우리가 지금은 하나님의 자녀라 장래에 어떻게 될지는 아직 나타나지 아니하였으나(not yet), 그가 나타나시면 우리가 그와 같을 줄을 아는 것은(already) 그의 참모습 그대로 볼 것이기 때문이니", 요한1서 3:2].

지금까지 시간에 대해 살펴보며 인간에게는 지금 주어진 현재, 오늘의 시간이 가장 중요하다는 것을 이야기했다. 누구에게나 타인이 관여할 수 없는 자신만의 시간(개인의 크로노스)이 있다. 그리고 그 사람에게 임하고 경험할 수 있는 하나님의 시간(하나님의 카이로스)이 있다. 우리의 일상은 어쩌면 하나님의 시간을 찾아낼 수 있는 통로이자 접촉점이라고도 할 수 있을 것이다. 크로노스와 카이로스가 만나는 순간이 바로 우리에게 주어진 '현재'라는 시간이기 때문이다.

우리는 모두 각자에게 주어진 시간을 통해서 하나님의 창조에 참여하며 살아가며, 현재라는 시간 안에서 순간순간 시간 밖에 존재하면서도 인간의 시간 안에 찾아오시는 창조주를 경험할 수 있다.

"말씀이 육신이 되어 우리 가운데 거하시매 우리가 그의 영광을 보니 아버지의 독생자의 영광이요 은혜와 진리가 충만하더라"(요한복음 1:14).

제2부

하늘과
땅의 창조

—

보이는 세계와 보이지 않는
세계에 나타난 창조주의 발자취

"태초에 하나님이 천지를 창조하시니라." – 창세기 1 : 1

성경에 등장하는 하늘과 땅을 어떻게 이해해야 할까?

물질세계와 영의 세계의 창조

창세기 1장 1절의 "태초에"에서 보듯이 하나님은 시간을 만들면서 시작을 알리셨다. 그리고 이어지는 부분에서는 "하나님이 천지를 창조하시니라"라고 선포한다. 이 구절을 영어로 보면 "God created the heavens and the earth"(NIV 역)이다. 그런데 여기서 흥미로운 것은 '땅(earth)'은 단수로 되어 있지만 '하늘(heavens)'은 복수로 쓰여 있다는 것이다.

히브리어로 하늘(shamaim)이란 단어는 단수 형태보다는 항상 복수 형태로 사용되는데, 여기에서 히브리인의 하늘에 대한 이해와 세계관을 알 수 있다. 즉, 보이는 물질세계로서의 하늘도 있지만 보이지 않는 영적 세계로서의 하늘을 포함하는 복수의 관점을 갖는다고 볼 수 있다.

구약의 시편에는 '하늘의 하늘', '하늘의 하나님'이란 표현이 있는데, 여기에서의 하늘은 하나님이 임재하시는 보이지 않는 영역을 포함하고 있음을 알 수 있다. 선지자 이사야는 또한 "너 아침의 아들 계명성이여 어찌 그리 '하늘'에서 떨어졌으며 너 열국을 엎은 자여 어찌 그리 땅에 찍혔는고 네가 네 마음에 이르기를 내가 '하늘'에 올라 하나님의 뭇 별 위에 내 자리를 높이리라 내가 북극 집회의 산 위에 앉으리라"(이사야 14:12-13)라고 말한다. 여기서 아침의 아들 계명성은 바빌론 왕국 배후에서 역사하는 영적 세력, 즉 타락한 천사 또는 마귀를 의미한다. 그러니 이때의 하늘도 단순히 눈에 보이는 물질세계로서의 하늘을 의미하지 않음을 알 수 있다.

나아가 신약에서 사도 바울이 고린도후서 12장 2절에서 하나님이 임재하시는 영역을 '셋째 하늘(third heaven)'이라고 표현하는 구절을 보아도 보이는 하늘을 넘어선, 비물질적인 영의 세계로서의 하늘이 있음을 알 수 있다. 참고로 성경에서는 신구약 전체를 통해 이러한 의미의 하늘이 수많이 사용되고 있다. 따라서 창세기 1장 1절에서 땅은 오직 물질로 되어 있는 세계를 지칭하는 반면, 하늘은 넓은 의미에서 물질세계와 영의 세계를 모두 포함한다고 이해할 수 있다. 즉, 하나님이 창조하신 우주 만물은 보이는 물질세계와 보이지 않는 비물질세계로 구성되어 있는 것이다.

땅의 본질은
무엇일까?

눈에 보이는 물질세계

　　　　　　　　그렇다면 우리는 이러한 영적
세계로서의 하늘을 어떻게 이해해야 할까?

　하늘을 이해하기 위해서는 먼저 땅에 대해서 이해하는 것이 필요
하다. 창세기 1장 2절 전반부는 "땅이 혼돈하고 공허하며 흑암이 깊
음 위에 있고"라고 기록한다. 즉, 하나님께서는 땅을 본질적으로 혼
돈하고 공허하며 깊음 속에 흑암이 있는 것으로 지으셨다. 그러니
땅에서는 아무리 공부를 많이 해도 늘 헷갈리게 된다(혼돈). 아무리
많은 것을 누리고 성취해도 결국 허무를 느낀다(공허). 아무리 많은
것을 알아도 늘 헤매게 되고(흑암), 아무리 애를 써도 스스로의 힘으
로는 결코 헤어나오지 못한다(깊음).

그러므로 만일 누군가가 인생의 공허, 혼돈, 흑암, 깊음의 문제에 사로잡혀 있다면, 그것은 어쩌면 (하나님을 믿는다고 하면서도) 계속 보이는 '땅'만을 상대하고 있기 때문인지도 모른다. 세상의 모든 권력과 부를 가졌던 솔로몬왕도 그가 지은 전도서 1장 2절에서 다음과 같이 고백한다. "전도자가 이르되 헛되고 헛되며 헛되고 헛되니 모든 것이 헛되도다".

누구나 부러워할 만한 솔로몬의 입에서 나온 고백과 같이, 결국 땅만 상대하면 누구라도 예외 없이 이처럼 공허한 땅의 본질을 피할 수 없다.

'색즉시공', '무(無)'란 단어 등을 보면 알 수 있듯이 다른 종교들도 땅의 본질에 대해서는 매우 잘 이해하고 있다. 그러나 기독교는 타종교와 근본적으로 다른 부분이 있다. 솔로몬은 전도서에서 다음 구절과 같이 결론을 내린다. "일의 결국을 다 들었으니 하나님을 경외하고 그의 명령들을 지킬지어다 이것이 모든 사람의 본분이니라"(전도서 12:13).

여기서 '일'이란 솔로몬이 앞서 언급한 모든 '땅'의 일을 의미한다. 따라서 솔로몬이 후손들에게 알려주고 싶은 것은 보이는 물질세계, 즉 땅에 속한 모든 일의 마지막(본질)에 대해 다 들은바, 이제는 땅만 쳐다보지 말고, 보이지 않는 하늘과 하나님이 있다는 것을 기억하라는 유언과도 같은 교훈이다.

인간은 누구나 부모로부터 몸(흙)을 받아 땅에서 시작하고, 그 몸은 다시 흙으로 돌아가게 된다("너는 흙이니 흙으로 돌아갈 것이니라 하시니라", 창세기 3:19b). 그러나 모든 피조물 중에 오직 인간은 땅으로 돌아가는 것으로 모든 것이 끝나는 운명이 아니라는 것, 도리어 누구에게나 하늘이 존재하고 또한 그에 속한 자로 살 수 있는 영적인 존재라는 것을 솔로몬은 깨달은 것이다.

보이는 세계와 보이지 않는 세계

왜 대부분의 사람은 보이는 세계가 전부인 것처럼 생각하고 살까? 어쩌면 누구나 어려서부터 알게 모르게 유물론적인 세계관을 접하고 그에 깊이 젖어 있기 때문인지도 모른다. 즉, 보이지 않는 영의 세계로서의 하늘은 추상적으로만 여기고, 보이는 물질세계인 땅만이 실존하는 것이라고 생각한다. 그러나 보이는 것만으로 삶과 인생을 설명하기 어렵다는 것은 누구나 경험적으로 안다. 더구나 보이지 않는 영(하늘)의 세계에 대한 이해가 없다면 인간이 사는 이 땅은 비합리적이고 비이성적이며, 도저히 납득할 수 없는 일들로 가득 차 있다고 여겨질 것이다.

결국 이렇게 땅만을 상대하며 사는 인생들이 나름대로 내릴 수 있는 합리적인 결론은 아마 "하나님은 없다"가 아닐까. "하나님이 있다면 어떻게 이럴 수 있느냐"라는 원망이 바로 그런 것이다. 아니, "혹시 하나님이 계실지는 몰라도 적어도 나와는 무관하다, 나를 사랑하는 것 같지는 않다"라고 자기중심적인 결론을 내릴지도 모르겠다.

그것은 보이는 것만 상대하는 존재가 내리는 자연스러운 결론일 것이다. 그러나 성경은 보이는 세계가 다가 아니며, 보이지 않는 세계가 있음을 분명히 이야기하고 있다. 그것도 성경 첫 구절인 창세기 1장 1절 후반에서 명확히 하고 있는 것이다.

> "우리가 주목하는 것은 보이는 것이 아니요 보이지 않는 것이니 보이는 것은 잠깐이요 보이지 않는 것은 영원함이라"(고린도후서 4:18).

하늘의 본질은
무엇일까?

눈에 보이지 않는 비물질세계

이제 영적인 세계로서 하늘의 본질에 관해 땅과 비교하여 생각해보자.

우선 우리가 생각해야 할 것은 근본적으로 하늘과 땅은 서로 반대로 지어졌다는 것이다. 첫 번째 특징은, 땅은 보이지만 영적 세계인 하늘은 보이지 않는다는 것이다. 하나님이 눈에 보이지 않는 것과 같은 이치다. 땅은 시간과 공간 안에서 늘 변화하지만 하늘은 시간과 공간을 벗어나 영원하다. 하늘의 하나님은 영원부터 영원까지 계시며 시간과 공간 밖에서 스스로 존재하시는 분이다("하나님이 모세에게 이르시되 나는 스스로 있는 자이니라", 출애굽기 3:14a).

두 번째 특징은, 땅은 끝없는 공허함이니 받아야 하는 곳이고, 하늘은 그 반대로 충만함이니 주는 곳이라는 점이다. 에베소서 1장 23절에서 예수님을 "만물 안에서 만물을 충만하게 하시는 이"라고 묘사한 것을 봐도 알 수 있다. 이런 의미에서 인간이 부모로부터 몸을 받아 땅에서 사는 이유는 하늘의 것을 받게 하려는 하나님의 깊은 의도라고 할 수 있다. 사실 이것이 우주 만물 창조의 궁극적인 목적이다. 비록 인간이 땅에서 그 인생을 시작하지만 땅은 주는 곳이 아니니, 땅만 쳐다보면 결코 채워지지 않는다. 솔로몬과 같은 고백을 하게 될 수밖에 없다. 누구에게나 인생에서 땅에 속한 문제는 결코 땅의 것으로는 해결되지 않는다.

다음의 우화를 통해서도 이런 점을 알 수 있다.

돼지 한 마리가 땅에 떨어진 도토리를 열심히 먹었다. 그런데 어느 날 더 이상 도토리를 찾지 못해 배가 고프게 되었다. 그동안 땅에서 도토리를 찾았으니 땅에서 나온 줄 알고 열심히 땅을 팠지만, 결국 찾지 못하고 지쳐 쓰러졌다. 그런데 땅에 누워 죽어가는 돼지의 눈에 비로소 나뭇가지에 매달린 도토리가 보였다. 결국 땅에서 보였던 도토리는 사실 땅에서 나온 게 아니라 그 위에서 내려온 것임을 죽는 순간에야 깨닫게 된 것이다.

이와 마찬가지로 모든 인간은 하늘을 바라보도록 지어졌고, 하늘의 것을 받아야 이 땅에서 살 수 있는 존재이다. 솔로몬의 결론과 같이 우리 인간은 하늘이 있음을 늘 기억해야 하는 존재로 지음 받은 것이다.

인간이라는 말은 희랍어로 '안드로포스(anthropos)'라고 하는데 그

의미는 '하늘, 곧 위를 바라보는 자'라는 뜻이다. 이처럼 인간은 누구나 하늘을 상대하도록 지음을 받았기에 동물과 같이 평생 땅만 상대하다가 흙으로 돌아가는 것으로 모든 것이 끝나는 존재가 아닌 것이다("위의 것을 생각하고 땅의 것을 생각하지 말라", 골로새서 3:2). 그래서 시편 121편 1-2절에는 인생의 광야 가운데서 홀로 하늘을 향하여 다음과 같이 기도하는 내용이 등장한다. "내가 산을 향하여 눈을 들리라 나의 도움이 어디서 올까 나의 도움은 천지를 지으신 여호와에게서로다".

과학과 신앙의 차이와
공통점은 무엇일까?

상호 보완적인 과학과 신앙

과학과 신앙의 관계에 대해서 생각해보자. 서로 적대적 관계로 여겨져왔던 과학과 신앙에 대한 논의는 지금도 여전히 끝없는 평행선을 이어가고 있는 오래된 난제이다.

기독교인뿐 아니라 많은 사람이 과학과 신앙은 서로 공존할 수 없다고 생각한다. 그러나 거기에는 오랜 이분법적 사고가 걸림돌이 되고 있는 것은 아닐까? 정말로 과학과 신앙은 공존할 수 없을까? 아니면 인간의 사고의 한계에 의한 편견일까? 해결책은 정녕 없는 것일까?

과학은 보이는 것, 즉 나타난 현상에 대한 이유를 설명하고 그 뒤에 담겨 있는 해답을 찾으려는 학문이다. 나아가 그 이면에서 작용하고 있는 것, 즉 보이지 않는 법칙을 발견해가는 학문이기도 하다.

예를 들어, 물리학자들은 자연의 복잡하고 다양한 현상들이 대부분 네 가지 힘—중력, 전자기력, 강력, 약력—으로 간단히 설명될 수 있다는 것을 찾아냈다. 한마디로 과학은 보이는 현상에서부터 시작하여 그 뒤에 숨겨져 있는 변하지 않는 진리, 즉 궁극적인 실체를 찾아 연결하고자 한다.

반면 신앙은 과학과는 다르다. 보이지 않는 것에서부터 출발하여 그 안에 머무르지 않고 우리 주위의 자연 및 사회 현상에까지 새로운 이해를 제공한다. 예를 들어 보이지 않으며, 그래서 때로는 추상적으로 여겨지는 영적인 실상(실상은 가장 확실한 실체, 즉, 자존하는 하나님을 의미한다. "믿음은 바라는 것들의 실상이요 보이지 않는 것들의 증거니"라는 히브리서 11장 1절에 의하면 믿음이란 바로 이 실상을 바라보는 것이다)인 하나님의 존재에서부터 시작하여, 우리 주위에 나타나 보이는 모든 현상들(인간도 포함)을 이해하고 그 연결고리를 찾고자 한다.

이와 같이 과학과 신앙은 서로 출발점과 접근하는 순서가 다를 수 있지만 그것이 다루는 전체적인 대상에 있어서는 전혀 무관하지 않다. 둘 다 보이는 현상과 보이지 않는 실상을 동시에 다루고, 또 서로 연결될 수 있음을 찾아내기에 상호 보완적이라고 할 수 있다.

과학과 신앙, 근원에 대한 상보적 접근

성경은 "보이는 것은 나타난 것으로 말미암아 된 것이 아니다"라고 말씀한다("믿음으로 모든 세계가 하나님의 말씀으로 지어진 줄을 우리가 아나니 보이는 것은 나타난 것으로 말미암아 된 것이 아니니라", 히브리서 11:3). 즉 보이는 모든 만물(현상)은 보이지 않는 하나님(실상)에 의해 창조되고 또 유지되고 있는 것이다("이는 하나님의 영광의 광채시요 그 본체의 형상이시라 그의 능력의 말씀으로 만물을 붙드시며", 히브리서 1:3a). 따라서 자연 세계 안에서 보이지 않는 신의 능력과 신성을 느낄 수 있는 것은 지극히 당연한 일이다("창세로부터 그의 보이지 아니하는 것들 곧 그의 영원하신 능력과 신성이 그가 만드신 만물에 분명히 보여 알려졌나니 그러므로 그들이 핑계하지 못할지니라", 로마서 1:20).

물론 그 보이지 않는 법칙들을 더 깊이 찾는 데에는 과학자들이 좀 더 유리할 수 있겠지만, 과학자라고 해도 그것들의 궁극적인 근원에 대해 모두 대답하기는 어려울 것이다. 반면에 오직 성경은 일관되게 이 모든 것이 창조주 하나님과 그분의 말씀(창조주의 지혜)에서부터 시작되었음을 말해준다. 따라서 과학과 신앙은 서로 출발점이 다르고 사용하는 언어나 접근방법도 다르지만, 서로 불가분의 밀접한 관계에 있다. 이는 마치 어떤 복잡하게 생긴 고차원적인 형체를 보려고 빛을 비추었을 때 어느 방향에서 빛을 비추느냐에 따라 스크린에 나타나는 그림자의 모양은 서로 다르거나 때로는 모순되게 보일 수도 있지만, 그렇다고 내가 보는 것이 전부이고 상대방이 본 것은 틀렸다고 말할 수 없는 것과 같다.

도리어 다양한 각도에서 얻어진 그림자가 서로 합쳐질 때 전체 모습의 윤곽을 대략이나마 짐작해볼 수 있게 된다. 그렇기에 언젠가 이 땅에 나타난 모든 희미한 그림자(현상)의 실체를 이루는 실상이 밝

허지고 알 수 있게 될 때가 올 것이다.

"우리가 지금은 거울로 보는 것 같이 희미하나 그 때에는 얼굴과 얼굴을 대하여 볼 것이요 지금은 내가 부분적으로 아나 그 때에는 주께서 나를 아신 것 같이 내가 온전히 알리라"(고린도전서 13:12).

불행히도 모든 피조물 중에 오직 인간만이 창조의 섭리를 따라 조

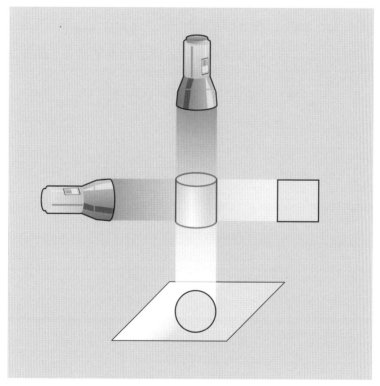

위 그림에서 중간에 있는 타원을 원기둥으로 바꾸면 아래 스크린에 비친 2차원 그림자는 원이 된다. 그리고 왼쪽에서 수평으로 전등(빛)을 비추면 오른쪽 스크린에 보이는 그림자는 사각형이 된다. 이와 같이 서로 빛을 비추는 각도에 따라 생기는 2차원 그림자는 전혀 다르게 보이지만 두 그림자 모두 원기둥의 부분적인 모습일 뿐이다. 과학과 신앙도 이와 같다.

화롭게 움직이기보다는 자기 생각에 맞추어 제멋대로 사는 자기중심적인 삶을 살아왔다. 어쩌면 하나님을 사랑하지 않고 하나님의 품을 떠난 이러한 인간의 죄(죄의 근본은 사랑하지 않는 것이라 할 수 있다)가 과학과 신앙을 단순히 모순적인 것으로 파악하고 분리시켜왔는지도 모른다. 보이는 현상과 보이지 않는 실상을 조화롭게 의식하면서 살 때, 보이는 것에 묶이지 않고 벗어나 하늘에 속한 인간의 본성(하나님의 형상)을 되찾을 수 있을 것이다. 나아가 이 세상에서 사는 동안 보이지 않는 영원한 것에 좀 더 겸손하게 눈을 돌려 창조주 하나님의 온전한 사랑을 나눌 때 함께 더불어 살 수 있는 균형 잡힌 사회가 이루어지지 않을까.

반대의 것이 서로
조화될 수 있을까?

상반되는 것들의 안정적 조합

우리 우주는 서로 반대되는 많은 것들로 이루어져 있다. 눈에 보이지 않는 영원한 것이 있는가 하면 눈에 보이는 변화하는 것이 있다. 빛과 어둠이 공존하고, 과거와 미래라는 서로 상반된 시간의 사건들이 섞여 있다. 모든 물질에는 항상 그와 반대 성질을 갖는 반(反)물질(antimatter)이 존재한다. 그리고 각 물질을 구성하는 원자에는 서로 반대의 전하를 띤 입자들, 즉 핵과 전자들이 모여 있다.

놀라운 사실은 상반된 성질의 핵과 전자들이 원자 내부에서 서로 충돌하여 소멸되거나 싸우지 않고 도리어 매우 안정적인 상태로 존재한다는 것이다. 반대의 전하를 갖는 입자들이 눈에 보이지 않는 전자기적 인력을 통해 서로 가까이서 안정되게 묶여 있는 것이다. 수많은 원자들로 이루어진 빌딩 같은 단단한 건물이 무너지지 않고 그 형체가 유지되는 것은 바로 이런 원자들 내부에 존재하는 구조적 안정성 때문이다. 물론 이 입자들은 원자 밖에서 서로 별개로 존재할 수도 있지만 그럴 경우 물질의 안정된 구조와는 전혀 상관없는, 그저 상반된 성질을 갖는 낱개의 입자들에 불과할 뿐이다.

인간 세상의 균형과 조화

인간이 사는 세상도 예외는 아니어서 반대의 것들이 서로 얽혀서 하나의 작은 우주적인 조합을 이루고 있다. 세상은 삶과 죽음이 끊임없이 교차되고 있으며, 인간 사회도 나와 너라는 서로 다른 인격들로 구성되어 있다. 남자와 여자가 있을 뿐 아니라 상반된 성격의 사람들도 늘 있게 마련이다. 이와 같이 모든 만물과 인간 세상에 서로 반대되는 모습들이 늘 존재한다는 것은 사실 창조주 하나님의 사랑의 섭리이다. 그래서 성경은 "하나님이 지으신 그 모든 것을 보시니 보시기에 심히 좋았더라"(창세기 1:31a)라고 기록하고 있다.

그런데 인간의 삶을 보면 서로 상반되는 '나'와 '너' 사이에 서로 조화되기 쉽지 않은 점들이 많다. 사람마다 생각이 다르며 나의 생각에 다른 사람이 언제나 공감하지도 않는다. 많은 사람들이 서로 다름을 인정하기보다는 자신만을 주장하고, 타인에게 자신의 의견을

강요하기도 한다. 이것은 아마도 살아남기 위해 몸부림치는 인간의 방법이겠지만, 한편으로는 피조 세계에 나타난 창조주의 섭리를 무시하는 일이며, 또 하나의 선악과를 먹는 일이라고도 할 수 있을 것이다(선악과는 근본적으로 '나는 나다' 또는 '너는 너다'라는 자기중심적인 의식이다. 아담과 하와같이 창조주 하나님을 마음으로 받아들이지 않으니 마귀가 쉽게 조정하고 속일 수 있는 의식의 통로가 선악과다).

상반된 것으로 엮어진 인간 세상에서 상대편을 적대시하고 누르는 것이 과연 내가 사는 길일까? 서로 다르게 지음 받은 인간들에게는 균형된 안정적인 상태가 존재할 수 없는 걸까?

서로 다른 성질의 입자들이 모여 원자라는 전혀 새롭고 안정된 개체를 창조해내듯이, 서로 원수 같은 '나'와 '너'가 사랑이라는 보이지 않는 인력으로 당겨질 때 전혀 새로운 차원인 '우리'가 생겨나는 것이 창조주의 섭리일 것이다. 상반되는 나와 너는 '우리'라는 새로운 소속감의 구조 속에서 안정되고 조화로운 균형상태를 유지할 수 있는 것이다.

서로 다른 입자들이 만드는 안정된 구조

인간은 보통 '나'를 반대하는 '너'를 싫어한다. 그래서 자신의 마음에 맞는 사람들을 찾으려고 한다. 서로 통하는 사람끼리 모이고, 제한된 범위에서 자신들만의 소속감을 유지하려고 애쓴다. 그러면 모든 면에서 서로 같게 되어 더 좋아지고 잘될 것이라 기대하지만, 대부분의 경우 결과는 정반대이다. 서로 같아지면 같아질수록 도리어 함께 소멸될 가능성이 높아질 수 있다. 예를 들면, 운동장 안에 멀리 떨어진 두 스피커에서 나오는 동일한 음파는 어떤 위치에서는 서로 소리가 상쇄되어 전혀 들리지 않는다. 동일한 주파수의 음파이기 때문에 도리어 서로 소멸되어버리는 것이다. 사람도 서로 같은 사람끼리만 모이다 보면 자칫 서로의 존재가 희석되고 사라져버릴 위험이 있게 된다.

즉 서로 반대되는 성질을 갖는 입자들이 각각의 고유한 특성을 유지하면서도 원자라고 하는 새로운 안정된 구조를 탄생시키고, 나아가 만물의 기초가 되는 것이 창조주의 섭리이다. 이와 같이 '나'와 '너'로 서로 다르게 지음 받은 인간도 하나님의 사랑의 끈으로 각자의 울타리를 벗어나 서로 연결될 때 '우리'라고 하는 새롭고 안정적인 소속감이 생겨난다. 이처럼 서로 다른 '나'로 만들어진 새로운 몸(공동체)인 '우리'야말로 각자의 정체성을 잃지 않으면서도 더 넓은 범위의 소속감을 줄 수 있다. 그리고 그러한 '우리'는 더욱 조화로운 가정과 교회와 사회를 이루는 기초가 될 것이다.

> "사랑하는 자들아 우리가 서로 사랑하자 사랑은 하나님께 속한 것이니 사랑하는 자마다 하나님으로부터 나서 하나님을 알고"(요한1서 4:7).

하늘과 땅을 이루는
창조의 법칙은 무엇일까?

물질세계와 비물질세계의 법칙

　　　　　　　　　자연세계에 법칙이 있듯이 하늘과 땅에도 법칙이 있을까? 앞서 설명한 과학과 신앙 사이의 상호 보완성을 물질세계와 영의 세계에 적용되는 법칙들의 관점에서 생각해보자.

　우리는 일반적으로 눈에 보이는 돌(형체) 속에는 돌을 이루는 물질이 가득 차 있을 것이라는 유물론적 사고를 갖고 있다. 그러나 1905년 아인슈타인이 발표한 '물질과 에너지의 등가이론'에 의하면, 보이는 '물질(형체)'은 보이지 않는 '에너지'로 구성되어 있다는 것이 밝혀졌다("보이는 것은 나타난 것으로 말미암아 된 것이 아니니라", 히브리서 11:3). 이점은 모든 물질의 구성 요소인 원자의 내부 구조가 마치 태양계와 같이 대부분 빈 공간이라는 사실에 의해 더욱 자명해진다. 즉, 돌과 같은 고체도 사실은 그 내부가 거의 비어 있다는 것이다. 그런데도 돌이 단단한 고체로 존재하는 이유는 핵과 전자 사이의 빈 공간이 전자기적 인력에 의한 에너지로 가득 채워져 있기 때문이다. 물질에서 에너지를 제거하면 그 형체는 무너지게 된다.

창조주로부터 온 자연법칙

그러나 단순히 에너지만 모아놓는다고 해서 물질이 저절로 생기지는 않는다. 물질의 배후에는 에너지가 존재하지만, 에너지 뒤에는 뭔가 고도의 '지적 설계(intelligent design)'가 존재함이 밝혀지고 있다. 이것을 과학자들은 '정보'라 부르고 성경은 창조주의 '지혜' 또는 '말씀'이라고 부른다("그의 능력의 말씀으로 만물을 붙드시며", 히브리서 1:3 부분).

100여 년 전만 해도 물질 뒤에 에너지가 있다는 사실이 생소했지만, 이제는 엄청난 '정보' 또는 '지혜'가 에너지를 조절한다는 사실이 과학적으로도 밝혀지고 있다. 예컨대 우리는 '나무를 본다'라고 간단히 말하지만, 나무에 반사된 빛이 눈에 들어온 다음 인간의 뇌가 그 나무의 색깔과 위치를 인식하는 과정은 매우 복잡한 수많은 정보들이 신경계통을 통하여 전달되고 종합적으로 분석된 결과이다. 나아가 인간의 모든 기관이나 조직은 서로 긴밀하게 많은 정보를 교환함으로써 그 생명을 유지한다.

물론 과학은 이 모든 지혜(정보)가 궁극적으로 어디에서 왔는지는 알지 못하고 미지의 영역으로 남기고 있지만(그래서 많은 과학자들은 자연법칙을 신과 동일시하기도 한다), 성경은 그것이 창조주로부터 온 것임을 선포한다.

요컨대 모든 보이는 물질은 보이지 않는 에너지로 구성되어 있으며, 그 에너지의 배후에서 작용하는 법칙(정보)을 찾아가는 것이 바로 과학이다. 이것을 하나의 도식으로 표시하면 다음과 같이 쓸 수 있는데, 이것이 물질에 관련된 자연법칙의 공식이다.

?(미지) ⟸ 정보(지혜, 말씀) ⟸ 에너지(운동력) ⟸ 물질(형체)

그렇다면 이러한 보이는 세계의 자연법칙은 성경에서 언급하는 보이지 않는 세계의 영의 법칙과 어떤 관련이 있을까? 하나님의 창조 법칙을 이해하고 보이는 세계와 보이지 않는 세계 사이의 성경적인 연결고리를 알아보기 위해 다음 두 구절을 보자.

> "하나님의 말씀은 살아 있고 활력이 있어 좌우에 날선 어떤 검보다도 예리하여 혼과 영과 및 관절과 골수를 찔러 쪼개기까지 하며 또 마음의 생각과 뜻을 판단하나니"(히브리서 4:12).

여기서 활력이란 운동력을 의미하고(개역한글 번역) 헬라어로는 'energes(에네르게스)'인데, 여기에서 영어 단어 'energy'가 비롯되었다. 즉, 하나님의 말씀 안에는 무한한 창조의 에너지가 내포되어 있다. 하나님의 말씀이 하늘에서 땅에 떨어져 시간과 공간 안에 들어오면 그 말씀의 에너지가 물질을 구성하는 기본 요소가 되는 것이다. 이제 다음 구절을 보자.

> "또 네가 뿌리는 것은 장래의 형체를 뿌리는 것이 아니요 다만 밀이나 다른 것의 알맹이 뿐이로되 하나님이 그 뜻대로 그에게 형체를 주시되 각 종자에게 그 형체를 주시느니라"(고린도전서 15:37-38).

위의 두 구절은 하나의 공식으로 다음과 같이 정리할 수 있다. 여기서 가장 중요한 것은 하나님의 모든 창조 역사는 항상 그분의 말씀(지혜, 정보)에서부터 시작된다는 것이다.

창조주(영) ⇨ 말씀(지혜,정보) ⇨ 운동력(에너지) ⇨ 형체(만물)

이것은 보이지 않는 영이신 창조주 하나님이 말씀하시고, 그 말씀의 운동력으로 인하여 보이는 형체가 만들어졌다는 의미이다. 모든 보이는 것은 보이지 않는 것에서부터 시작되는 것이며, 그 시작은 바로 하나님이라는 사실이 바로 영적 법칙이자 성경의 세계관이다. 창세기 1장의 모든 창조 기사에서, 하나님께서는 '말씀'하시고 그 말씀하신 대로 '그대로 되니라'라고 했다. 즉 말씀에 의해서 모든 형체가 만들어진 것이다.

한 가지 흥미로운 사실은, 자연법칙과 영적 법칙의 내용이 서로 유사하며 단지 화살표의 순서가 반대라는 점이다. 이미 언급한 대로 과학과 신앙이 상호 보완적인 것이기 때문이다.

한편, 이러한 창조의 영적 법칙은 식물, 동물, 인간 등 모든 생명체의 탄생과 관련된 자연법칙과도 역시 맥을 같이하고 있다. 예컨대, 성경의 씨 뿌리는 자의 비유(누가복음 8장)에서 씨는 하나님의 말씀을 의미한다("너희가 거듭난 것은 썩어질 씨로 된 것이 아니요 썩지 아니할 씨로 된 것이니 살아 있고 항상 있는 하나님의 말씀으로 되었느니라", 베드로전서 1:23).

따라서 위의 도식에서 말씀은 바로 씨라고 생각할 수 있고 그 씨에 에너지가 부어지면 형체(생명체)가 만들어지는 것이다. 식물의 씨가 자라서 열매를 맺고, 동물의 씨가 자라서 새끼가 되고, 부모의 씨로부터 태아의 생명이 자라 아기가 태어나는 것과 유사하다.

물질과 에너지의 등가원리

1905년 아인슈타인이 발표한 '물질과 에너지의 등가원리'는 물질과 에너지는 동전의 양면과 같다는 것이다. 한마디로, 질량(m)과 에너지(E)가 서로 동일하다는 원리를 말한다. 이를 공식으로 표현한 것이 $E=mc^2$(E=에너지, m=질량, c=빛의 속도를 의미하는 상수. $c=3\times10^8$m/s로서 빛이 1초당 300,000,000미터의 거리를 달린다는 것을 말한다)이다.

이 법칙에 의하면 질량(m)으로 규정되는 모든 보이는 물질은 그 안에 보이지 않는 일정한 양의 에너지(E)를 갖는다. 모든 물질은 물질 자체로 스스로 존재하는 것이 아니라 보이지 않는 에너지로 이루어져 있는 것이다. 이것은 보이는 세계가 사실 보이지 않는 세계로 이루어져 있음을 보이는 첫 번째 과학적 업적이기도 하다.

$E=mc^2$의 예시를 들어보면, 태양 내에서는 두 개의 수소 원자핵이 하나의 헬륨 원자핵으로 변하는 과정인 핵융합이 일어난다. 이때 질량의 손실이 생기는데, 두 개의 수소 원자핵의 총질량보다 하나의 헬륨 원자핵의 총질량이 약간 작아진다. 여기서 사라진 질량은 에너지로 전환되어 인간들이 사용할 수 있게 된다. 또 우라늄 원자핵에 중성자를 부딪쳐 바륨 원자핵과 크립톤 원자핵을 만드는 과정인 핵분열에서도 질량의 손실이 생기는데, 이 사라진 질량 또한 에너지로 전환된다. 이러한 예는 모두 질량-에너지 등가원리에 의해서 생기는 현상이다. 한편 물에 1줄(1줄=1와트×1초)의 에너지를 가하면 물의 질량이 약 10^{-17}킬로그램 정도 증가하게 되는데, 이 역시 질량(물질)-에너지 등가 원리에 의해서 얻어지는 결과이다.

심은 대로 거두는 것은
어떤 법칙일까?

하늘의 영적 법칙이자 땅의 자연법칙

앞에서 설명한 하늘과 땅의 창조 법칙은 한마디로 씨는 뿌려진 대로 열매(형체)를 낳는다는 것, 즉 심은 대로 거둔다는 것이다. 이는 자연의 법칙이자 동시에 성경에서 보여주는 하나님의 창조 법칙이기도 하다.

여기서 좀 더 생각해보고 싶은 것은, 창조와 관련하여 '심은 대로 거둔다'는 법칙은 오늘날 교회와 성도를 통한 하나님의 '새 창조의 역사'에도 영적 법칙으로 동일하게 적용된다는 것이다. 예를 들어 사람이 하나님께 사과를 한 개 구한다면 하나님께서는 어떻게 그 사과를 우리에게 주실까? 앞선 장의 성경 구절(고린도전서 15:37-38)과 도식으로 요약된 영적 법칙에 의하면 하나님은 우리에게 사과라는 궁극적인 형체를 주시되 보이는 사과를 하늘에서 떨어뜨려 주는 것이 아니라 우리에게 보이지 않는 사과 씨(종자)를 주신다는 것이다. 하찮은 사과 씨 같지만 그 속에는 장차 나타날 형체(사과)가 담겨 있다는 놀라운 새 창조의 법칙인 것이다.

따라서 하나님께서 인간에게 말씀을 주신다는 것은 단지 일시적 위로나 교훈 차원의 율법이 아니다. 그 말씀(씨) 속에는 장차 현실 세계에 나타날, 구체적으로 하나님이 주시려는 형체(복)가 내포되어 있다. 이는 영이신 하나님의 말씀에서 시작되는 엄청난 새 창조의 약속이다. 이것은 위에서 언급한 대로 부모의 씨에서 시작되는 인간의 생명 탄생과도 유사하다. 즉, 인간의 씨 속에는 장차 나타날 형체(태아)가 담겨 있다. 이런 창조의 법칙이 오랜 인류 역사 가운데 하나님의 새 창조의 역사로 나타나고 있는 것이다.

한마디로 하나님의 창조의 법칙이자 영적 법칙, 나아가 성도와 교회를 통한 하나님의 새 창조 법칙은 바로 '심은 대로 거둔다'는 것이다.

약속과 현실 사이의 간극을 메꾸는 믿음

여기서 한 가지 유의할 것이 있다. 씨(생명)에서 형체(아기)가 나타날 때까지는 약 10개월의 시간이 필요하다는 점이다. 사과 씨를 심으면 그것이 싹을 틔우고 자라 장차 사과 열매를 맺을 때까지 크로노스적 시간과 인내가 필요한 것과 마찬가지다. 영의 세계에서도 예외는 아니다. 하나님께서 우리에게 주신 말씀(씨)이 현실에 형체로서 나타나기까지는 반드시 하나님이 정하신 시간이 필요하다(이때의 시간은 앞선 제1부에서 언급한 하나님의 시간, 카이로스적 시간이다).

이때 모든 시간의 주인이 하나님인 것을 이해하지 못하면 비록 씨(말씀)를 받더라도 끝까지 기다리지 못하고 말씀을 주신 하나님을 믿지 못하게 된다. 그러면 의심과 자기 생각으로 계속 판단하고 움직이다가 그 씨를 버리거나 빼앗기게 되어, 결국 아무런 형체(열매)를 거두지 못하는 일이 일어나게 된다.

이러한 선악과 사건은 오늘날에도 비일비재하게 일어난다. 하나님이 말씀을 통해 우리에게 약속하실 때 이미 영의 세계(하늘)에서는 모든 결제가 끝난 사안임에도 말이다.

다시 말해, 하늘의 말씀과 약속이 주어졌다는 사실 자체는 벌써 하나님의 결제가 났다는 의미이니 '이미(already)'라고 할 수 있다. 그러나 그것이 인간의 현실 가운데 나타나는 데에는 시간이 걸리니 이는 '아직(not yet)'이기도 하다. 따라서 '이미, 그러나 아직(already, but not yet)'은 심은 대로 거둔다는 하나님의 창조법칙이자 매우 중요한 하늘나라의 법칙이다.

이처럼 약속과 현실 사이의 간극을 메울 수 있는 것은 오직 신실하신 하나님을 신뢰하는 믿음뿐이다. 그리고 아브라함 이후 모든 믿음의 선조들의 삶은 바로 믿음으로 그 괴리를 메워갔던 것이기도 하다. 성경은 "오직 의인은 믿음으로 말미암아 살리라"라고 선포한다(로마서 1:17).

영적 세계에 대한 믿음

한 가지 안타까운 사실은, 형체가 나타나지 못한 결과에 대해서 대부분의 인간은 이미 모든 것을 말씀으로 주신 하나님을 원망한다는 것이다. 하나님과 인간 사이에서, 인간이 하나님의 뜻과 복을 이루지 못하도록 교묘하게 차단하고 속이는 방해꾼이 있는데도 말이다. 이 보이지 않는 원수(마귀)는 인간에게 자기중심적인 생각을 불어넣음으로써 하나님의 말씀이 나타나는 통로를 막고, 나아가 구원과 복을 방해한다.

예를 들어 누군가 나에게 좋은 선물을 주어서 그것을 받아 기쁜 마음으로 길을 간다고 상상해보자. 만일 강도가 나타나서 그 선물을 빼앗아간다면 누구나 그 빼앗은 도둑을 원망하지 선물을 준 사람을 원망하지는 않는다. 그런데 보이지 않는 영의 세계에만 들어오면 전혀 다른 상황이 전개된다. 하나님께서 우리에게 형체를 얻게 하려고 씨를 선물로 주셨는데, 마귀가 우리에게서 그 약속의 말씀(즉, 장차 나타날 형체)을 교묘하게 빼앗더라도 그 도적을 원망하는 것이 아니라 도리어 선물을 주신 하나님을 원망하는 일이 종종 일어나는 것이다. 이는 우리가 하나님의 시간을 기다리지 못하고 조급하게 서두르거나 불안해서 자기 생각대로 행동한 결과인데도 말이다. 어쩌면 그것은 그만큼 우리가 평소에 보이지 않는 하나님을 신뢰하고 바라면서 살기보다는 도리어 보이는 것을 따라 땅만 상대하며 살아왔다는 방증이기도 할 것이다.

따라서 보이지 않는 영적 세계에 대한 이해가 없다면 결국 그 사람은 하나님을 원망하고, 마침내 하나님은 없다고 결론 내릴지도 모른다. 물론 이런 상황을 가장 기뻐할 존재는 바로 마귀일 것이다. 하나님께서는 불신 때문에 마귀에게 합법적으로 그 씨와 형체를 빼앗긴 우리에 대해서 안타까워하며 슬퍼하실 것이 분명하다. 더구나 다시 합법적으로 되찾을 수 있도록 예수님의 십자가를 통해 회개와 용서의 길을 열어놓으셨는데도 십자가로 돌아와 회복하지 못하고 계속 하나님을 원망하고 십자가를 저버린다면 가룟 유다와 같이 억울하게 속고 마는 인생이 될 수도 있다. 창조주 하나님은 믿음의 성도와 교회를 통해서 새 창조의 역사를 이루기를 원하심을 반드시 기억하자.

믿음을 통한 새 창조의 역사

하나님은 말씀의 능력으로 하늘과 땅을 포함한 온 우주 만물을 창조하셨다. 우리가 살고 있는 이 우주 안에는 하나님의 창조의 그림자가 분명히 나타나 있다. 그리고 우리는 그분의 광대하고 오묘하신 임재와 역사를 자연 세계 가운데 계시된 발자취들을 통해 부분적이나마 찾아볼 수 있다. 이것은 매우 고무적인 일이다. 더구나 성경의 계시와 새 창조의 역사가 보이는 세계와 보이지 않는 세계를 통합적으로 아우르는 '영의 법칙'을 통해 교회와 성도들에게 나타나는 것은 놀라운 일이다.

우리는 또한 이 땅에 속한 자로부터 시작하되 하늘에 속한 자로의 신분 상승, 즉 성화되어가는 과정을 지내게 된다. 비록 우리가 땅에 살면서 하나님의 완전한 모습을 다 알 수는 없지만, 하나님이 말씀으로 창조하신 우주 만물의 형체를 통해 보이지 않는 하나님을 부분적이나마 조금씩 경험하며 알아갈 수 있다는 것은 큰 기쁨이 아닐 수 없다. 그렇기에 과학과 신앙, 즉 보이는 세계와 보이지 않는 세계는 결코 서로 무관하거나 모순되는 것이 아니라 상호 보완적이고 둘 모두 필요한 것이다. 단지 인간의 제한된 지식과 생각으로만 이해하려 하다 보니 서로 대립하거나 모순되는 것으로 보일 뿐이다.

그러므로 통합된 성경적 세계관과 신앙을 바탕으로 창조적인 가치관을 가지고 물질세계에 속하는 이 땅에 있으면서도 영적으로는 하늘에 속한 자로서 살기를 소망하자. 나아가 영의 법칙이 모든 교회와 성도에게 적용되어 세상을 향한 구원과 복의 통로가 되기를, 그리하여 모두가 이 땅에 이루어질 하나님 나라를 위한 새 창조의 신실한 동역자로 쓰임 받기를 기대한다. 결국 하나님의 창조 법칙은 모든 믿는 자들을 통해 세상을 충만케 할 수 있는 법칙이기도 하다.

"하늘에 계신 우리 아버지여 이름이 거룩히 여김을 받으시오며 (하늘)나라가 임하시오며 뜻이 하늘에서 이루어진 것 같이 땅에서도 이루어지이다"(마태복음 6:9-10).

하늘과 땅이 만들어진
이유와 목적은 무엇일까?

삼위일체 하나님의 궁극적 구원 사역

우리는 상상도 하지 못한 일이 일어났을 때 또는 어떤 큰 변화를 겪을 때 보통 '천지개벽'이라는 말을 쓴다. 사람은 누구나 살면서 나름대로 이런 종류의 사건들을 경험하지만, 이 장에서는 모든 인간에게 공통적으로 주어진 세 가지 천지개벽 사건을 통해 하나님이 하늘과 땅을 창조하신 궁극적인 목적이 무엇인지 살펴보자. 그리고 그 목적을 이루기 위해서 삼위일체의 하나님이 어떻게 우주 만물과 인간 가운데 임하시며 서로 동역하는지를 알아보고자 한다.

첫 번째 천지개벽 사건은 무엇일까?

그것은 태초에 우주 만물 가운데 일어난 창조를 통해 나타났다. 하나님의 말씀이 하늘에서 땅에 떨어져 이루어진 창세기 1장의 우주 창조 사건이 바로 그것이다. 공허와 혼돈과 흑암이라는 '무'의 상태(창세기 1:2)인 땅에 하늘에서 하나님의 말씀이 선포되어 무에서 유가 창조된 것이 첫째 천지개벽 사건이다. "빛이 있으라"(창세기 1:3)라는 말씀이 떨어지니 빛이 창조되었다. 그리고 이어지는 하나님의 모든 말씀은 다 "그대로 되니라"라고 창세기 1장은 기록하고 있다. 말씀이 하늘에서 땅에 임함으로써 이루어진 우주 만물의 창조가 바로 창조주 하나님이 시공간 안의 인간을 위해 오랜 세월 전에 미리 나타나시고 이루신 첫 번째 천지개벽 사건이다.

두 번째 천지개벽 사건은 무엇일까?

그것은 우리 인류의 역사 가운데서 일어났다. 말씀이신 예수님이 하늘에서 땅으로 인간의 모습으로 오신 요한복음 1장의 성육신 사건이 바로 그것이다. 이것은 말씀이 하늘에서 땅에 임하여 이루어졌다는 점에서 첫 번째 천지개벽 사건과 동일하다. 이에 대해 성경은 "태초에 말씀이 계시니라"(요한복음 1:1), 그리고 "말씀이 육신이 되어 우리 가운데 거하시매"(요한복음 1:14)라고 선포한다.

예수님이 이 땅에 인간의 모습으로 내려오신 이유는 율법의 근본 정신인 사랑을 완성하시기 위한 것이라고 할 수 있다. 예수님은 자기 부인의 십자가로 자신을 비움으로써 하나님의 모든 것을 다 받는

데 성공하고 하나님의 사랑을 이루셨다. 나아가 예수님은 대속의 십자가로 하나님께 받은 모든 것과 자기 목숨까지 인간을 위해 주시는 것으로 이웃 사랑을 이루셨다. 그렇기에 인류역사상 오직 예수님만이 율법, 즉 사랑을 온전히 다 이루셨다고 할 수 있다. 또한 예수님은 인간의 죄로 인해 막혀 있는 하늘과 땅의 연결 통로를 여는 길이 되어주셨다. 이렇게 보이지 않는 세계의 하나님과 보이는 세계의 인간 사이에 영원한 화평과 구원이 되기 위해 말씀이신 예수님이 직접 인간의 시공간 안에 내려오신 성육신 사건이 다름 아닌 두 번째 천지개벽 사건인 것이다.

마지막으로 세 번째 천지개벽 사건은 무엇일까?

그것은 인간 각자의 인생 가운데서 일어난다. 예수님이 그분의 영이신 성령으로 인간의 육(흙) 속에 찾아오시는 구원의 사건이 바로 그것이다. 이에 대해 성경은 "그 성령을 부어주사 우리로 그의 은혜를 힘입어 의롭다 하심을 얻어"(디도서 3:6-7)라고 설명한다. 이것 역시 말씀이 하늘(영)에서 땅(흙)에 임하는 것으로 이루어진다는 점에서 위의 두 가지 천지개벽 사건과 같다고 할 수 있다. 인간의 몸인 흙에 여전히 남아 있는 공허와 어둠의 잔재를 하늘의 생명과 충만함으로 채우기 위해 성령께서 각자 인간 안에 임하시는 것이다(요한1서 4:13)(이와 관련된 내용은 제3부에서 좀 더 자세히 다루겠다).

그러므로 우주 만물 창조와 예수님의 성육신이라는 두 가지 천지개벽 사건이 미리 준비된 것은 결국 오늘날 하나님이 인간 안에 성령으로 찾아오시기 위함이다. 따라서 인간의 몸은 하나님 창조의 마지막 종착역이고, 그 안에 임하시는 성령의 사랑과 구원은 창조의 최종 목적이라 할 수 있다. 이렇게 각 개인을 향한 성령의 임재가 바로 모든 인간이 이 땅의 인생 가운데 경험할 수 있는 가장 놀라운 세 번째 천지개벽 사건이다.

창조의 궁극적 목적

삼위일체의 하나님은 이처럼 먼저 태초에 하늘과 땅을 창조하셨다. 그리고 하늘에서 땅에 임하시어 막혀 있던 하늘과 땅 사이의 길을 여셨다. 그리고 마지막으로 땅의 잔재가 남아 있는 흙(인간의 몸)을 채우시려 한다. 인간 안에 찾아와 땅을 하늘로 바꾸고 하늘나라를 임하게 하시려는 것이다. 이것이 창조의 완성이며 창조의 궁극적 목적이다. 나아가 그 조그만 하늘나라들을 모아 이 땅에 하나님의 나라를 이루기를 원하신다. 어쩌면 이것이 새 하늘과 새 땅의 그림자 모습이 아닐까. 삼위일체 하나님의 공동 구원 사역은 영원 전에 시작하여 지금도 진행 중인 현재형의 일이다.

> "볼지어다 내가 문 밖에 서서 두드리노니 누구든지 내 음성을 듣고 문을 열면 내가 그에게로 들어가 그와 더불어 먹고 그는 나와 더불어 먹으리라"(요한계시록 3:20).

하늘과 땅 사이의 인간은
어떤 존재인가?

하늘과 땅 사이의 유일한 영적 피조물

인간은 모든 피조물 중에 유일하게 몸(흙)을 입어 땅에 속한 자이면서, 동시에 하나님의 형상(image)으로 지음을 받은 영적 존재로서 하늘에 속한 자이기도 하다. 인간만이 하늘과 땅의 경계에 사는 유일한 피조물이다. 더구나 인간은 부모에게서 흙(몸)을 입어 땅에서 시작하지만 다시 흙(땅)으로 돌아가는 존재가 아니라, 땅을 벗어나 하늘에 속한 자로 자랄 수 있도록 지음을 받은 존재이다.

물론 인간의 몸(육)은 흙으로 되어 있어 다시 흙으로 돌아가 자연으로 돌아가지만("네가 흙으로 돌아갈 때까지 얼굴에 땀을 흘려야 먹을 것을 먹으리니 네가 그것에서 취함을 입었음이라 너는 흙이니 흙으로 돌아갈 것이니라 하시니라", 창세기 3:19), 그 영혼(속사람)은 본향인 하늘로 귀향하게 된다. 하나님의 영원한 품으로 되돌아가는 것이다.

참고로 고린도전서 15장 44절에 따르면 인간이 부활할 때는 예수님과 같이 새로운 신령한 몸을 입게 된다. 이것은 인간의 머리로 상상할 수 있는 형이상학적인 몸이 아니다. 비록 그에 대해 우리가 아직 과학적으로 이해할 수는 없지만 지금까지의 인간 경험 바깥에 있는 실체적인 몸이라는 것은, 예수님의 부활을 통해서도 짐작할 수 있을 것이다.

씨 뿌리는 자의 비유

그렇다면 인간은 어떻게 땅에서 시작하여 하늘에 속한 자로 변화되고 성장할까? 이것을 예수님의 '씨 뿌리는 자'의 비유를 통해 생각해보고자 한다.

우리가 잘 알듯이 모든 식물은 씨에서 싹이 나고 뿌리가 내리며 자라나 열매를 맺게 된다. 그런데 이러한 식물의 성장 과정은 마가복음 4장과 누가복음 8장에 등장하는 예수님의 '씨 뿌려진 네 종류의 밭의 비유'에도 잘 나타나 있다. 사람의 마음밭이 변화되어 옥토가 되어가는 과정을 통해 어떻게 하나님이 우리를 궁극적인 열매인 예수님의 사랑의 인격을 닮은, 하늘에 속한 자로 만들어가시는지를 알아보자.

씨 안에는 생명이 있고 생명은 씨에서부터 시작된다. 그 씨가 땅에 뿌려질 때 적당한 조건과 환경이 조성되면 싹이 튼다. 예수님의 비유에서 씨는 하나님의 말씀을 의미한다(마가복음 4:14, 베드로전서 1:23). 그리고 그 말씀 속에는 영적 생명이 담겨 있다. 요한복음 6장 63절에 의하면 예수님께서도 제자들에게 "내가 너희에게 이른 말(말씀)은 영이요 생명이라"라고 말씀하셨다.

길가에 뿌려진 씨

예수님은 이 비유에서 제일 먼저 길가를 언급한다. 이는 씨가 발아하기는커녕 심어지지도 못한 단계이다. 길가에 뿌려진 씨는 새들이 와서 먹어버리기 때문에 그 안의 생명이 나타날 기회가 없으므로 죽은 씨와 별 차이가 없다. 따라서 말씀이 길가와 같은 마음밭에 뿌려졌다는 것은 하나님의 말씀을 들어도 전혀 감동이 없고 딱딱하게 굳은 무감각한 영의 상태를 의미한다. 즉 말씀을 듣는 귀가 닫혀 있는 것이다. 말씀을 듣기는 하지만 반응하지 못하는 영의 상태이다. 딱딱한 길바닥처럼 말씀을 튕겨내는 마음밭이다. 신자든 불신자든 이렇게 전혀 영이 움직이지 않으면 하나님의 말씀이나 사랑에도 반응하지 못하고 빈 들의 마른 풀처럼 메마른 상태이며, 영적으로 죽은 것과 별 차이가 없다.

보통 씨를 뿌리면 가장 먼저 나타나는 일은 싹이 나는 것이다. 이 싹은 바로 믿음을 의미한다. 말씀을 들으면 믿음의 싹이 트는 것이다. 그러나 어떤 이유로든 마음으로 말씀을 받지 않으면 믿음이 생기지 않는다. 강한 선입견이나 편견, 또는 의심이나 부정적인 생각 등은 믿음이 자라는 것을 방해할 수 있다. 오랫동안 교회를 다녀도 여전히 무감각한 마음이라면 요즘 너무 자신이 많은 생각에 사로잡혀 있는 것은 아닌지 돌아보면 도움이 될 것이다. 반면 아직 교회 생활에 익숙하지 않더라도 말씀을 듣는 데 뭔가 믿음이 생긴다면 그것은 엄청난 사건이다. 왜냐하면 씨 안에서 생명력이 꿈틀거린다는 신호이기 때문이다. 식물의 싹이 땅에서 하늘을 향하는 것처럼 믿음은 위를 바라보는 것, 하늘의 하나님을 바라보는 것이다. 옆의 땅만 쳐다보지 않고 이제는 위를 바라봐야겠다는 생각이 든다면 오직 말씀을 듣고 읽고 배우기 시작함으로써 그것이 가능해진다.

돌밭에 뿌려진 씨

다음으로 예수님은 돌밭에 뿌려진 씨의 비유를 통해 싹이 나오는 단계를 설명하셨다. 흙이 얕은 돌밭에 씨가 떨어지게 되면 그 씨에서 싹이 나오더라도 흙이 깊지 않아 뿌리가 제대로 자리를 잡지 못하므로 더 이상 자라지 않는다. 이는 싹은 나오지만 뿌리가 없는 영적 상태를 의미한다. 하나님의 말씀을 받을 때 마음에 감동과 기쁨이 있어 믿음의 싹이 자라더라도 그 싹은 오래가지 못하고 곧 시들해진다. 싹이 자라는 것은 씨 안에 있는 영양분이 없어질 때까지이기 때문이다. 따라서 움튼 싹이 지속적으로 성장하기 위해서는 반드시 뿌리가 필요하다. 여기에서 뿌리가 없다는 것은 기도를 하지 않는 영적인 상태를 말한다. 따라서 하나님의 말씀에 영이 감동하여 믿음이 자라더라도 기도하지 않는 심령은 결국 어려움이나 고통이 생기면 잠깐 견디다가 금방 말라지고 넘어지게 된다.

뿌리의 힘은 바람이 불 때 나타난다. 뿌리가 제대로 박혀 있으면 나무를 든든히 받쳐주기 때문이다. 세계에서 가장 높은 나무는 캘리포니아 레드우드 공원에 있는 110미터 높이의 나무인데, 이 나무의 뿌리도 그만큼 깊다는 것을 알 수 있다.

식물은 물을 흡수해서 광합성 작용으로 에너지를 공급한다. 그러나 아무리 하늘에서 비가 내려 나뭇잎이 촉촉이 젖어도 식물은 그것으로는 살 수 없다. 오직 땅속에 있는 뿌리를 통해서 흡수된 물만이 식물을 자라게 한다. 이와 같이 오직 기도의 뿌리를 통해서 흡수되는 하늘의 영적 에너지만이 사람의 심령을 자라게 한다.

영이 계속 성장하지 않는 것은 기도를 하지 않기 때문이다. 하나님께서 말씀을 통해 감동을 주시는 이유는 그 말씀을 붙들고 기도하라는 의미이다. 그래야 영이 자라나서 모든 어려움을 이길 수 있는 영적 능력이 생기게 된다. 말씀이 기도로 이어지지 않으면 결국 하나의 지식이나 교리가 될 뿐이고, 그것은 사람을 살리지 못하고 도리어 판단하고 죽이는 역할만 하게 되는 경우가 많다.

가시떨기밭의 씨

　　　　　　　　세 번째로 예수님은 기운을 막는 가시떨기밭에 대해서 말씀하신다. 이 단계는 씨가 땅에 뿌려져 싹이 나고 뿌리가 내렸지만, 가시가 성장 기운을 막아서 결국 결실을 맺지 못하는 상태를 의미한다. 즉, 하나님의 말씀에 감동을 받고 믿음의 싹을 틔우고 기도를 통해 뿌리도 내렸지만 여전히 문제가 있는 상태이다. 기도를 하되 예수님의 설명처럼 세상의 염려와 재물의 유혹과 욕심 때문에 자기중심적인 기도만을 계속하면, 기도가 막히게 되어 더 이상 영적 성장이 없고 열매를 맺지 못하게 된다. 따라서 신자들은 자신의 필요나 소원을 구하는 기도에서 벗어나, 하나님께서 주시고자 하는 것을 받고 우리를 통해 하시고자 하는 일을 이루어드리는 기도로 나아가야 한다. 그래야 영적 기운을 막는 가시덤불을 헤치고 계속 위로 자랄 수 있다.

　여기서 한 가지 기억해야 할 것은, 가시떨기밭에 있다는 것 자체가 이미 어느 정도 믿음의 싹이 났고 기도의 뿌리도 내렸음을 의미한다는 사실이다. 이 단계는 길가와 돌밭의 과정을 이미 지난 것이다. 더구나 가시떨기는 어느 날 갑자기 생겨난 것이 아니라 원래부터 주위에 있었다. 단지 어느 정도 나무가 자라고 나니 그제야 제대로 열매를 맺지 못하도록 방해하는 가시떨기의 존재가 피부에 와닿고, 영향을 받게 되는 것이다. 그러므로 가시의 존재 때문에 괴롭다는 것은, 한편으로는 그만큼 신앙이 자라고 있다는 의미이기도 하다.

　따라서 이런 상황에서는 다시 돌밭이나 길가의 상태로 돌아가거나, 현 상황에 만족하고 성장을 포기하며 타협할 일이 아니다. 또한 막연히 저절로 가시가 사라지길 기대하기보다는 그 가시덤불을 뚫고 나가야 한다. 가시떨기라는 이생의 염려와 재물과 향락으로 인해 기운이 막혀 있다면 뚫고 나가는 것이 사는 길이고, 열매를 맺는 길이다. 처음부터 가시떨기를 떨쳐내고 이길 수 있는 영적인 기초체력을 쌓는 게 훨씬 쉬운 일이다. 그리고 이것은 바로 내 곁에 늘 함께하시는 주님에 대한 영적인 눈이 뜨이고, 전적인 믿음을 가지고 기도할 때 가능해진다.

물론 누구나 처음에는 자신의 문제를 해결하기 위해 주로 기도하게 된다. 그러나 거기에 머무르지 않고 차츰 주의 뜻을 구하고 이웃을 위한 기도로 바뀌기 시작한다. 영적 체력이 만들어지면 무엇보다 기도가 달라지는 것을 스스로 느끼게 된다. 혹시 여러 가지 세상사에 대한 염려로 마음이 늘 눌려 있고 기도가 막혀 있다면, 바로 지금이 땅에서 눈을 들어 하늘을 바라봐야 할 때인지도 모른다. 주님을 신뢰하고 문제 너머에 계신 주님을 바라보면 돌파할 수 있는 길이 열린다.

좋은 밭에서 자라는 씨

마지막으로, 예수님은 풍성한 열매를 맺는 좋은 밭에 대해서 말씀하신다. 좋은 밭이란 말씀을 잘 받아 주의 뜻을 구하며 전적으로 주를 신뢰하는 심령을 의미한다. 이러한 마음밭의 소유자는 내 것을 구하지 않고 항상 하나님의 것과 그분의 뜻을 구하게 된다. 즉 하나님의 말씀에 늘 민감하여 감동을 잘 받고, 그 말씀에 따라 성령의 인도하심으로 하나님께서 원하시는 기도를 드리는 영적 단계이다.

하나님께서 말씀을 주시는 이유는 궁극적으로 그 말씀 속에 있는 약속을 통해 우리를 축복하고 하나님의 뜻을 이루기 위한 것이다. 그리고 예수님이 그러하셨듯 우리로 하여금 하나님의 뜻대로 기도하게 하셔서 그분의 영광을 나타나게 하시는 것이다. 하나님의 뜻을 구하는 사람은 마음과 생각이 예수님을 따르게 되고, 궁극적으로 예수님의 인성, 사랑의 인격을 닮게 된다.

이렇게 성령을 따라 잘 인도를 받는 사람은 반드시 열매를 맺고, 말 그대로 옥토와 같은 온전한 인격으로 하늘에 속한 자로 빚어지게 된다.

그런데 옥토, 즉 밭이 좋다고 해서 떨어진 씨가 곧바로 열매가 되는 것은 아니다. 하나님의 말씀 안에 담긴 생명과 약속이 열매를 맺으려면 계속해서 영적 에너지와 위로부터 부어지는 사랑이 뿌리를 통해 흡수되어야 한다. 그러다 보면 아직 그 열매가 잘 안 보이는 것 같아도, 때가 되면 반드시 현실 가운데 보이게 된다. 자신도 모르게 변화되는 인격으로, 그리고 예기치 못한 하나님의 인도하심으로 삶 속에서 구체적으로 결실이 나타나게 되는 것이다.

우리를 이끌어주는 성령

한 가지 기억할 것은 예수님이 비유하신 네 가지 종류의 밭은 현재 각자의 심령 상태를 보여주는 것이지, 원래부터 그렇게 정해진 것이 아니라는 점이다. 처음부터 길가로 태어난 사람이 있고, 옥토로 타고난 사람이 따로 있는 것이 아니다. 인간이 각자 갖고 태어난 본성이나 기질만으로는 하나님의 열매를 맺거나 구원을 얻지 못한다. 주님은 길가나 돌밭이나 가시 같은 심령에도 옥토와 같은 마음을 부어주신다고 약속한다.

그래서 에스겔 36장 26-28절은 다음과 같이 말한다. "또 새 영을 너희 속에 두고 새 마음을 너희에게 주되 너희 육신에서 굳은 마음을 제거하고 부드러운 마음을 줄 것이며 또 내 영을 너희 속에 두어 너희로 내 율례를 행하게 하리니 너희가 내 규례를 지켜 행할지라 내가 너희 조상들에게 준 땅에서 너희가 거주하면서 내 백성이 되고 나는 너희 하나님이 되리라".

즉 열매 맺는 심령을 위해 예수의 영, 성령을 부어주시는 것이다. 비록 다 이해가 되지는 않더라도 하나님의 말씀에 대해 마음이 열리는 것은 성령이 내 안에서 행하시는 일이다. 말씀이 하나의 교훈으로 그치지 않고, 그것을 바라보면서 기도하게 되는 것은 절대로 내 의지만으로 되지 않는다. 혹시 기도하고자 하는 마음이 든다면 쓸데없이 괜한 생각이 드는 것이 아니라 성령이 이끌어주는 것이다.

결론적으로 옥토에 뿌려진 씨는 반드시 열매를 맺는다. 심고 거두는 것은 자연의 법칙이자 영적인 법칙이기 때문이다. 하나님의 말씀으로 뿌려진 씨는 장차 이루어질 그분의 축복과 약속을 통해 반드시 열매를 거두게 된다. 또한 성령께서 이 모든 과정의 각 단계마다 성도들을 돕는다. 성령은 그 씨가 열매 맺도록, 온갖 방해를 이기고 끝까지 잘 자라도록, 기도의 뿌리를 잘 내릴 수 있도록 영적 에너지와 하나님의 끝없는 사랑을 계속 부어주신다. 우리 안에 성령으로 찾아오신 예수님은 에스겔 선지자의 약속과 같이 우리 안에서 그 일을 반드시 이루실 것이다.

하나님은 지금도 수많은 신실한 종들을 통해 씨를 뿌리고 계신다. 이 하나님의 말씀이 모든 사람의 마음에 뿌려져 믿음의 싹이 나고 기도의 뿌리가 내려, 하늘에 속한 모든 신령한 은혜를 흡수함으로써 결실하는 우리가 되길 소망한다. 이 마지막 때에 늦은 비와 같은 성령의 은혜와 기름 부음이 모든 심령들에게 한없이 부어지길 기도한다.

"그 후에 내가 내 영을 만민에게 부어 주리니"(요엘 2:28).

예수님은 왜 하늘에서
땅으로 오셨을까?

하늘과 땅의 권세자 예수님

하나님이 창조하신 하늘과 땅에 관한 이야기를 생각하다 보면 한 가지 궁금증이 생길 것이다. 예수님은 왜 굳이 사람으로 이 땅에 오셨을까? 그냥 하늘에 계시면서 땅에 있는 인간에게 구원의 율법을 던져주셔도 될 텐데 말이다.

물론 하나님은 땅에 오셔서 온갖 모욕과 고난, 심지어 십자가에 달리실 필요가 없었다. 여기에는 여러 의미가 있지만, 앞서 이야기했던 하늘과 땅의 본질, 즉 땅은 끝없는 공허함이니 받는 곳이고, 하늘은 그 반대로 충만함이니 주는 곳이라는 점에서 생각해보자.

이런 관점에서 보면 예수님이 이 땅에 오신 이유는 받기 위해서 오신 것이라고 할 수 있다. 그러면 무엇을 받으려고 오셨을까? 한마디로 하나님이 주시는 하늘의 것을 다 받으려고 오신 것이다. 그래서 율법을 이루고 인간을 구원하고자 하는 것이다. 여기에 복음의 깊은 비밀이 있다. 마태복음 22장 35-40절에서 예수님은 율법사의 질문에 대답하면서 모든 율법은 '하나님 사랑'과 '이웃 사랑'의 두 가지라고 말씀하신다. 십계명도 크게는 이 두 가지로 압축된다. 따라서 율법의 정신은 다름 아닌 완전한 사랑이다.

예수님은 하나님을 사랑하고 이웃을 사랑함으로써 율법을 완성하셨다. 그런데 인류 역사상 예수님 외에는 그 누구도 율법을 다 이룬 의인이 없다. 즉, 하나님을 완전히 사랑하고 이웃을 완전히 사랑하신 분은 오직 예수님뿐이다. 물론 살신성인의 사랑을 보여준 훌륭한 인간들도 많이 있었지만 이들의 사랑은 모두 부분적이다. 하나님은 사랑하지만 이웃을 사랑하지 못하거나, 이웃을 사랑하지만 하나님은 사랑하지 않는다는 점에서 그렇다. 이는 모두 부분적인 반쪽 사랑일 뿐, 하나님의 의를 이루는 온전한 사랑은 아니다.

받는 사랑과 주는 사랑

그러면 예수님은 어떻게 '하나님 사랑'을 이루셨을까? 하나님이 주시는 하늘의 것을 다 받으심으로써 이루셨다. 물론 그것은 받는 곳인 땅에 오셔야 가능하기 때문에, 예수님은 인간의 모습으로 이 땅에 오셨다. 자기 생각으로 취사선택하거나 불순종하지 않고, 하나님의 것을 모두 다 받으신 것이다.

사실 윗사람을 사랑한다는 것은 그분이 주는 것을 잘 받는 것이기도 하다. 우리가 부모님을 사랑한다면 부모님의 사랑과 말씀을 잘 받아들여야 하는 것과 같은 맥락이다. 예수님도 한마디로 '받는 사랑'을 통해서 '하나님 사랑'에 성공하셨다.

그러면 예수님은 어떻게 '이웃 사랑'을 이루셨을까? 이는 물론 '주는 사랑'을 통해서이다. 모든 것을 주시고 목숨까지 모두 다 주신 것이다. 예수님은 땅에서 사셨지만 동시에 하늘에 속한 사람으로 사셨기에 '주는 사랑'에 성공할 수 있었다. 주는 곳은 하늘이기 때문이다.

이처럼 예수님은 '받는 사랑'을 통해 '하나님 사랑'을 이루고, '주는 사랑'을 통해 '이웃 사랑'을 이루셨다. 이렇게 완전한 사랑을 통해 율법을 완성하고 하나님 앞에 의인이 되셨다. 나아가 인간의 죄로 인해 하나님과 영적으로 단절되어 막혀 있는 하늘을 열고, 하늘의 것을 다 받을 수 있는 길을 모든 인간에게 열어주셨다.

예수님은 하나님으로부터 하늘과 땅의 모든 권세를 받으신 분이다("예수께서 나아와 말씀하여 이르시되 하늘과 땅의 모든 권세를 내게 주셨으니", 마태복음 28:18). 우리는 하늘과 땅을 연결하는 길이 되신 예수님을 통해서만 하늘의 것을 받을 수 있고, 또 그것을 받아야만 하나님의 것을 이웃에게 전달해줄 수 있다.

> "예수께서 이르시되 내가 곧 길이요 진리요 생명이니 나로 말미암지 않고는 아버지께로 올 자가 없느니라"(요한복음 14:6).

자연법칙은 그 자체로 신일까?
아니면 신의 인격적인 부분일까?

과학과 신앙 사이

2010년 9월, 영국의 대표적인 물리학자 스티븐 호킹 박사와 미국의 물리학자 레너드 플로디노프 박사가 공저한 책《위대한 설계(The Grand Design)》가 출간되었다. 저자들은 이 책에서 우주의 기원으로 여겨지는 빅뱅은 중력의 법칙에 따라 스스로 무(無)에서 창조된 것이며 신이 개입하여 우주를 창조한 것이 아니라고 주장하여 세간의 주목을 끌었다.

21세기의 아인슈타인이라고도 불리는 호킹 박사는 이 책과 관련하여 미국 언론과 가졌던 한 인터뷰에서 "신이 존재할 수도 있지만 과학은 창조자의 도움 없이 우주를 설명할 수 있으며", "과학이 신을 불필요하게 만든다"라고 이야기했다. 이러한 주장들에 대한 찬반논

란이 거세게 일고 있는 가운데 저자들은 종교를 넘어 철학의 영역에까지 과감히 도전장을 내밀었다. 현대과학은 철학이 여전히 답하기 어려운 우주의 기원에 대한 형이상학적 질문에 대해서도 답할 수 있다는 것이다.

《위대한 설계》에서 두 저자는 우주의 기원을 설명하면서 먼저 우리가 알고 있는 우주(은하계)는 유일한 것이 아니며 인간이 우주를 이해하는 방식도 다양할 수 있음을 밝힌다. 우선 우리가 살면서 경험하는 우주(우리의 우주)는 전혀 다른 기원을 가질 수 있는 수많은 우주 중의 하나이기 때문에(다중우주론) 우리의 우주는 유일하고 절대적인 실존이 아닌 상대적인 실존이라고 한다. 또한 인간이 우리 우주를 이해하는 것은 우주를 어떠한 모델(우주관)을 가지고 보느냐에 따라 그 해석이 달라질 수 있다는 '모델 의존적인 실존(model-dependent realism)'을 가정한다. 이는 마치 100여 년 전 아인슈타인이 규명한 시간(과 공간)의 상대성과 같이, 우주관에 따라 해석을 달리하는 일종의 '해석의 상대성'과도 같은 것이다.

저자들은 어느 하나의 과학적 모델이 모든 우주의 현상을 설명할 수 있다면 그것은 신뢰할 만한 것이며, 따라서 그 이론이 담고 있는 내용은 절대적인 진리라고 할 수 있다고 주장한다. 물론 그러한 모델이 여러 개 존재할 수도 있지만, 이는 편의상 선택의 문제를 가져올 뿐 어느 것이 더 진리인가의 문제는 아니라는 것이다.

이러한 논리를 바탕으로 이 책은 우주의 기원 및 자연현상을 궁극적으로 설명할 수 있는 하나의 신뢰할 수 있는 모델, 즉 진리는 소위 'M이론'으로 불리는 현대물리학 이론이라고 하였다. 그리고 이 이론에 의하면 수많은 우주는 모두 중력의 법칙과 양자이론에 따라 무에서 창조되었고, 우리의 우주도 그중 하나일 뿐이다.

따라서 저자들은 중력이 주어지면 우주는 물리법칙에 따라 스스로 생성될 수 있기 때문에, 또한 신의 의도가 인간을 창조하는 것이었다면 결코 우리의 우주와 유사한 많은 우주를 구태여 만들지 않았을 것이라는 이유로, 우리의 우주가 창조되기 위해 어떤 초자연적인

왼쪽: 《위대한 설계》 표지, 오른쪽 위: 스티븐 호킹 박사, 오른쪽 아래: 레너드 믈로디노프 박사

존재 또는 신의 개입은 필요하지 않다는 결론을 내린다.

사실 저자들이 이 책에서 근거로 삼고 있는 M이론은 전혀 새로운 과학적 발견은 아니다. 오래전부터 이미 많은 신행 연구가 있어왔으며, 단지 과학적 결과물을 해석하는 저자들의 관점이 변한 것으로 보인다. 호킹 박사는 한때 우주의 기원에 대한 연구는 종교적인 의미를 찾게 한다고 언급한 적이 있다. 그러나 이제는 개인적이고 인격적인 신의 존재는 믿지 않는다고 말한다(여기서 호킹 박사가 그 존재를 부정하는 신은 성경의 창조주 하나님을 의미하는 것으로 보인다). 따라서 M이론을 이용하여 갑자기 신의 존재를 부정하기까지 하는 결론을 내리는 것은 개인의 종교적 해석과 시각이 변화한 것으로 받아들여야 하지 않을까.

이 책《위대한 설계》는 수많은 물리학자들이 꿈꿔온 '대통일 이론(우주의 생성과 진화를 하나의 원리로 설명할 수 있는 이론)'의 수립이 멀지 않았음을 표명한 자신감의 선언으로 보는 것이 좋을 것 같다.

설계자의 부분적 모습들

물리법칙에 의해 우주가 창조되었다고 주장하는 저자들에게는 물리법칙 자체가 곧 창조의 능력을 지닌 신과 동격의 의미를 갖는다. 자연법칙이나 수학공식을 신이라고 여기는 17-18세기의 이신론(理神論)적 신념은 오늘날에도 인본주의적인 종교관을 가진 과학자들 사이에서 보편적이다. 물론 이들이

말하는 신이 성경의 창조주 하나님을 의미하지는 않는다. 자연법칙
자체는 인격성이 배제된 논리적이고 과학적인 개념이기 때문이다.
신은 존재하지만, 추상적이고 비인격성(비개인적)이라고 주장한 중세
철학자 스피노자(Spinoza, 1632-1677)와 비슷한 맥락의 주장이 아닌가
싶다.

사실 이신론자들의 주장을 들어보면 지적인 면에서는 많은 부분
에서 공감하게 된다. 그러나 그러한 관념적인 신이 동시에 감정과
의지적인 인격성을 가진다는(그 결과 인간과 인격적 교류가 가능하다는) 사
실을 받아들이지 못한다는 점이 성경과의 거의 유일하고 분명한 차
이인 것 같다.

(2007년 월간지 《신동아》 주최로 '과학과 신의 만남'이라는 주제로
6명의 다양한 종교를 가진 과학자들이 좌담회를 가졌는데, 이때 기
독교인 과학자와 비기독교인 과학자 사이에 드러난 가장 중요한 차
이점은, 인간이 소통할 수 있는 인격적인 신을 받아들이느냐 아니면
인격성이 배제된 자연법칙을 신으로 받아들이느냐였다. 참고: 2007
년 《신동아》 10월호).

인격적인 성경의 신

성경이 증거하는 창조주 하나님
은 완전한 지성과 감성, 의지를 가지는 온전히 인격적인 신이다. 우
주 만물은 그분의 성품인 신성과 능력을 나타내고 있다(로마서 1:20).

우주 만물에 편재하는 합리성, 불변성, 법칙성, 과학성 등은 하나님의 지성과 이성이 발현된 것이다. 이런 점에서 이신론자가 신으로 여기는 자연법칙은 사실은 삼위일체인 창조주 하나님의 지적인 부분 중 극히 일부분인 것이다. 이는 마치 어떤 사람의 생각을 들으면 그 사람 인격의 지적인 부분을 접하게 되는 것과 같은 이치이다.

필자는 이 책의 저자들이 이러한 부분적인 것으로 모든 것을 설명하려 하고, 특히 창세기 1장과 2장에 계시된 하나님의 능력과 성경에 나타난 하나님의 인격성, 나아가 하나님의 존재 자체를 부정하려 하는 듯한 인상을 받았다. 그러나 부분적인 진리는 온전한 진리가 아니라는 점에서, 지적인 부분이 그 인격의 전부라고 주장하는 것은 아무래도 무리가 있어 보인다. 우리는 과학을 통해서 신의 감성적이거나 의지적인 부분이 아닌 지적인 부분을 객관적으로 이해할 수 있는 것이지, 그것이 신의 절대성이나 인격성의 부재를 증명하는 것은 아니기 때문이다.

인류가 낳은 위대한 과학자인 아인슈타인은 "종교 없는 과학은 절름발이이며, 과학 없는 종교는 장님"이라고 말했다. 이는 과학과 종교, 신앙이 서로 모순되는 것이 아니라 상호 보완적인 존재라는 의미이다. 과학은 비인격적이고 객관적인 반면 신앙은 인격적이고 주관적이다. 그렇기에 과학의 발전은 삼위일체 창조주 하나님의 지적인 부분을 더 깊이 알게 해주며, 신앙은 과학자들도 인격적인 하나님을 만나고 느끼고 경험하게 해준다(참고로 인간은 '지-정-의'라는 세 가지 인격적 단면을 갖고 있다는 점에서 성부, 성자, 성령의 삼위일체인 하나님과 마찬가지로 인간도 삼위일체의 인격체라고 할 수 있다).

책 《위대한 설계》가 지니는 한계

필자가 보기에 이 책 《위대한 설계》는 이처럼 창조주의 존재나 개입이 필요 없다는 주장을 충분히 논증하고 있지는 못하다. 무엇보다도 저자들은 우주의 창조 이전에 중력이 이미 존재한다고 가정하고 있기 때문에, 엄밀하게 말하면 우주가 무에서 자연적으로 창조되었다고 결론지을 수 없다. 그리고 인간이 사는 우주에 생명이 존재할 수 있도록 우리의 우주가 매우 정확하게 미세 조율(fine tuning)되어 있다는 것에 대한 언급이 없는 것도 아쉬운 점이다. 또한 혹시 수많은 우주가 존재하고 우리의 우주가 다른 우주로부터 발생했더라도, 그것은 창조주에 관한 질문이 시간적으로 더 이전으로 넘겨지는 것일 뿐 창조주의 존재 자체를 부정하는 것은 아니라고 생각된다.

저자들은 이 책의 끝부분에서 자신들의 책이 만들어지는 데에는 '책의 설계자(designer)'들이 있었다면서 감사해한다. 그러면서도 우주가 엄청난 신비와 아름다움으로 디자인되어 있고 그 뒤에는 비인격적인 물리법칙이 있다는 자신들의 신념을 피력하기 위해서 책 이름을 '위대한 설계자(The Grand Designer)' 대신 인격성을 제거한 '위대한 설계(The Grand Design)'라고 한 것이 아닐까 싶다.

그렇지만 이 엄청난 자연의 신비와 아름다움, 그리고 우주의 광대

함이 어떻게 창조주의 사랑(정적 부분)과 능력(의지적 부분) 없이 단지 물리법칙(지적인 부분)만으로 이루어질 수 있었을까? 저자들의 의도와는 달리 어쩌면 인간은 앞으로도 계속 실계자(The Designer)의 부분적인 모습들을 계속 찾아가는 노력을 하지 않을까?

제3부

공간의 창조

—

우주 안에 담긴 만물과
인간 안에 거하는 창조주의 영

"땅이 혼돈하고 공허하며 흑암이 깊음 위에 있고
하나님의 영은 수면 위에 운행하시니라." – **창세기 1 : 2**

I

보이는 물질적 공간, 우주

—

"땅이 혼돈하고 공허하며 흑암이 깊음 위에 있고",
창세기 1 : 2 전반부

공간은
무엇일까?

공간의 물질적 개념

　　　　　　　창세기 1장 1절의 '태초'는 시간의 시작을 알려준다. 이어지는 1장 2절 전반부에 나오는 '땅'은 물질적인 공간이 창조됨을 언급한다. 따라서 창세기 1장 1절과 2절에서는 단지 시간만이 아니라 공간도 함께 만들어졌음을 알 수 있다. 빅뱅 이론에 의하면 시간과 공간은 140억여 년 전의 거대한 폭발과 함께 하나의 점으로부터 시작됐다. 사실 빅뱅 이론은 현재의 우주가 계속 팽창하고 있다는 관측 사실로부터 과거의 초기 우주는 아주 작게 수축된 상태였을 것이라고 추론한 데서 비롯된 이론이다(물론 현재의 우주 상태에서 과거를 정확히 유추하는 것은 쉽지 않다. 하나의 점에서 시작되었다는 것에 대해서도 여러 가지 이론이 계속 나오고 있고, 초기의 팽창 과정에 대해서도 여러 논란이 있는 것이 사실이다. 더구나 시간과 공간이 창조되기 이전의 상황을 과학적으로 이해하거나 접근하는 것은 더더욱 어렵다. 따라서 시간과 공간의 시작점에 대한 정확한 이론은 앞으로 더 연구되어야 할 부분이겠지만 과거에 태초의 순간이 있었다는 것은 정성적인 사실로 받아들일 수 있다).

사실 빅뱅의 이론적 기반은 아인슈타인의 상대성이론이며, 상대성이론은 이미 창조된 시간과 공간에 대한 이론이라고 할 수 있다.

우리는 앞선 제1부에서 시간의 개념에 대해서 알아보았다. 이제는 공간의 개념을 다루어보려 한다. 먼저 공간의 사전적 의미를 알아보자. 공간(space, 空間)이란 어떤 물질 또는 물체가 위치하거나 움직일 수 있는, 또는 어떤 일이 일어날 수 있는 3차원의 장소나 영역(영어로 space, expanse, extent, room, realm 등으로 이해할 수 있다)을 말한다. 공간의 개념에는 구속되지 않고 자유로우며 사용 가능하다는, 아직 채워지지 않고 비어 있다는 의미가 내포되어 있다.

또한 공간에는 물질적인 개념뿐 아니라 비물질적인 개념도 포함되어 있다. 시간과 마찬가지로 공간에도 객관적인 물질적 공간이 있고 각자가 주관적으로 느끼는 공간이 존재한다. 물리학자 뉴턴도 공간은 우주를 담을 수 있는 텅 빈 큰 그릇, 단단한 상자라고 생각했다.

예컨대 물리학적으로 공간이란 두 지점 사이를 자로 측정한 거리로 정량화할 수 있다. 마치 두 사건 사이의 간격을 시계로 측정한 값으로 시간을 기술하는 것과 비슷한 이치다. 그런 의미에서 공간은 크기라는 개념으로 이해할 수 있다. 자연의 물질세계는 미시적으로는 작은 쿼크 입자에서 거시적인 우주까지의 모든 크기를 포함하고 있다. 천문학에서 천체의 대기권 바깥 부분을 우주 공간이라 말하는 것도 같은 맥락이다.

한편 공간은 어느 한 물체가 위치하는 세 개의 좌표축에 의해 표시되는 기하학적인 3차원 공간으로 정의되기도 한다. 공간을 어떤 형태로 정의하든 위의 사전적인 의미를 수학적으로 기술한다는 점에서는 유사하다. 한 가지 특기할 사항은 아인슈타인의 상대론적인 물리학 연구 이전에는 시간과 공간이 서로 별개의 독립적인 차원으로 여겨져왔지만 그 이후에는 오히려 4차원의 통합된 시공간 개념으로 고찰하게 되었다는 점이다. 오늘날의 물리학 이론에서 공간은 11차원 이상으로까지 확장되어 있다.

공간의 비물질적 개념

공간 개념에서 흥미로운 것은 마음도 하나의 공간으로 이해할 수 있다는 것이다. 마음은 인간의 심리적, 감정적 작용이 일어나는 그릇 또는 공간으로 비유되어왔다. 물론 이때는 비물질적인 공간을 의미한다.

한편 문학, 심리학, 철학, 종교 등에서는 '빈 공간'이라는 형이상학적 표현을 통해 공간의 역할을 다양하게 비유하거나 언급했다. 이러한 비물질적 의미에서의 공간은 제1부에서 언급한 하늘이라는 개념과도 유사하다고 볼 수 있다. 또 하늘과 반대의 개념으로 땅으로 통

칭되는 물질적 세계에는 물질적, 물리적 공간의 개념이 포함되어 있
는 것도 알 수 있다. 제3부에서는 이러한 공간의 물질적 개념과 비물
질적 개념에 대해서 다루고자 한다.

공간은 어떤
특성을 가질까?

시간과 공간

        물리학의 연구는 시간과 공간에 대한 정의와 소개로부터 시작된다. 간단히 말하면 시간이란 시계로 측정되는 두 사건 사이의 간격이고, 공간이란 줄자로 측정한 두 지점 사이의 거리와 같이 객관적인 수치로 표현할 수 있다. 그러나 이러한 간단한 이해를 통해서는 시간과 공간의 본질이 무엇인지는 알기 어렵다.

  시간이 흐른다고 말할 때, 실제로 무슨 일이 일어나는 것일까? 또한 공간이 있다고 할 때 정확히 무엇이 존재하는 것인가? 공간은 어떤 기하학적인 특성을 갖고 있을까? 빈 공간은 정말 아무것도 없이 빈 상태일까? 이러한 질문들에 답하려면 과학과 철학, 신학 등을 통한 종합적 연구로 그 이해의 폭을 넓혀가야 할 것이다.

시간

물리학자 뉴턴은 아리스토텔레스와 같이 절대 시간의 개념을 믿었다. 동일한 사건을 측정하는 두 개의 시계가 있다면, 각 시계가 상대적으로 어떤 상태인지와는 무관하게 같은 시간에 그 사건이 일어난다고 생각했던 것이다. 그러나 공기 내에서 빛의 전달에 대한 연구가 이루어지면서 이러한 절대 시간의 개념을 포기하게 되었다.

물리학자 제임스 맥스웰(James Maxwell)에 의해 측정 조건에 상관없이 빛이 언제나 동일한 속도로 진행한다는 사실이 알려졌다. 그런데 당시에는 소리가 대기 중에서 전달되려면 공기라는 매질이 필요하듯이, 빛도 파동으로 전달되려면 대기 중에 일종의 유체 매질이 있어야 한다고 생각했으며, 그것을 에테르라고 불렀다. 그러나 이러한 가상의 유체는 마이켈슨과 몰리(Michelson-Morley)의 실험에 의해 그 존재가 부정되었고, 빛을 통과시키는 에테르라는 물질은 없다는 것이 밝혀졌다. 이에 근거해서 추후에 아인슈타인은 에테르가 필요 없다는 사실을 이론적으로 증명하려면 절대 시간이라는 개념을 포기해야만 한다는 것을 깨달았다. 아인슈타인의 상대성이론이 등장한 것이다.

이 새로운 이론은 일정한 속도로 움직이는 관찰자들에게는 그들의 속도와 무관하게 과학법칙이 동일하게 적용된다는 기본적인 가

정 위에 체계화되었다. 앞에서 언급했듯 공간의 상대적 개념을 증명
했던 뉴턴은 시간의 절대성을 믿었지만, 시간의 상대적 개념은 아인
슈타인에 와서야 비로소 드러나게 되었다.

공간

　　　　　　　　　　　　앞서 언급한 대로 절대 공간에
대한 아리스토텔레스의 이론은 뉴턴에 의해 수정되었다. 뉴턴의 운
동 법칙은 정지해 있는 관찰자와 일정한 속도로 움직이고 있는 관찰
자는 서로 같은 상태에 있다는 이론이다. 따라서 정지상태는 위치
의 표준이 될 수가 없다는 것이다. 뉴턴 이전에 갈릴레오 갈릴레이
(Galileo Galilei)는 무거운 물체가 가벼운 물체보다 더 빨리 떨어져야
한다는 아리스토텔레스의 이론을 피사의 사탑에서 자유낙하 실험을
통해 검증했고, 그 결과 두 물체는 같은 속도로 떨어지며 동시에 바
닥에 도달한다는 사실을 밝혔다.

　아리스토텔레스는 다른 상태들보다 우선하는 기본적인 상태가 정
지상태라고 믿었고, 따라서 모든 물체는 어떤 외부의 힘이나 충격이
가해지지 않는 한 정지상태를 갖는다고 생각했다. 그러나 이와 달리
뉴턴은 정지상태에 대한 절대적인 기준이 없다는 것을 알게 되었고
(즉, 공간상의 운동은 상대적이라는 것), 이는 서로 다른 시간에 일어난 두 사
건이 공간상의 같은 위치에서 발생한 것인지 아닌지를 결정할 수 없
음을 의미한다. 따라서 절대적인 정지상태는 존재하지 않으며, 이는

아리스토텔레스가 생각했던 것처럼 공간상의 절대적인 위치에 어떤 사건이나 의미를 부여하기 어렵다는 것을 뜻한다.

　뉴턴은 이러한 절대 위치 또는 절대 공간의 부재라는 문제에 대해 매우 곤혹스러워했다. 왜냐하면 자신이 밝혀낸 이러한 사실이 절대자 창조주의 절대성과는 서로 배치된다고 생각했기 때문이다.

아이작 뉴턴
(Isaac Newton, 1643–1727)
출처 : google

알베르트 아인슈타인
(Albert Einstein, 1879–1955)
출처 : google

시공간

　　　　　　　　　얼핏 생각하면 시간과 공간은 서로 무관하게 보인다. 같은 시간에도 서로 다른 위치에 사람들이 있을 수 있고, 같은 위치라 해도 한 사람이 서로 다른 시간에 서 있을 수 있으니 시간과 공간은 서로 별개의 독립된 물리량으로 이해될 수 있기 때문이다. 그러나 그 사람이 움직인다면 시간도 변하고 공간상의 위치도 동시에 변하게 되는데, 이때는 상황이 달라진다. 아인슈타인의 상대성이론에 의해 시간과 공간 내의 하나의 사건(즉, 한 점)은 상대적으로 움직이는 두 관찰자에게는 서로 다른 사건이 될 수 있는 것이다.

예컨대 두 개의 번개가 어떤 사람에게는 동시에 일어나는 사건이 될 수도 있지만, 상대적으로 움직이는 다른 사람에게는 두 번개가 서로 다른 시간에 일어나는 것으로 보이기도 한다. 따라서 시간과 공간은 더 이상 서로 분리해서 생각할 수 없고 하나의 시공간(時空間, spacetime)으로 한꺼번에 묶어서 생각해야 한다.

이렇게 시간과 공간이 서로 엉키게 되는 이유는 서로 다른 운동상태의 관찰자들에게 빛의 속도가 모두 동일하게 측정된다는 사실 때문이다. 속도란 1초의 시간 동안 물체가 움직인 거리를 의미하므로, 빛의 속도가 일정해야 한다는 제한 조건은 시간과 공간을 서로 얽히게 만든다. 따라서 시간과 공간의 개념을 따로 사용하는 대신 이제는 '시공간'이란 새로운 결합된 개념을 사용해야 한다.

특수상대성이론과 일반상대성이론

특수상대성이론에 따르면 일정한 속도로 움직이는 관찰자에게는 시간이 느려지고 동시에 길이가 짧아진다(즉, 공간이 좁아진다). 속도가 빨라질수록 시간은 더 길어지고 동시에 공간은 더 작아지게 된다. 한마디로 시공간이 늘어나기도 하고 줄어들기도 한다는 말인데, 이것은 시공간이 기하학적으로 뒤틀리고 휘어진다는 것을 의미한다(시공간이 휘게 되는 원인에는 균일한 빛의 속도가 매우 중요한 매개 역할을 한다. 빛의 특성은 제4부에서 다룬다). 그런데 관찰자의 속도와 무관하게 중력에 의해서도 시간이 느려지고 길이가 줄어든다. 강한 중력장 안에서는 시계가 더 천천히 가는 것이다. 이것이 아인슈타인의 일반상대성이론이다.

두 상대성이론을 비교하면 둘 다 시계가 천천히 간다는 결과는 비슷하지만 그 원인은 서로 다르다. 하나는 관찰자의 속도 때문이고 다른 하나는 중력 때문이다. 따라서 특수상대성이론과 마찬가지로 일반상대성이론에 의해 중력도 휘어진 시공간으로서 기하학적인 의미로 이해할 수 있다. 즉, 중력이 작용하지 않는 영역에서는 시공간이 평평하지만 중력이 작용하는 물체 근처에서는 시공간이 휘어지기 때문이다. 이는 마치 얇고 평평한 고무막 위에 쇠구슬을 하나 올리면 그 무게에 의해 쇠구슬 주위가 밑으로 살짝 처지면서 구슬 주위의 고무막이 움푹 휘어지는 현상과 유사하다.

물론 질량이 큰 물체일수록 주위 시공간은 더욱 크게 휘어지게 된다. 예컨대, 태양처럼 질량이 큰 물체의 근처에서도(즉, 중력이 강하게 작용하는 영역에서도) 시공간이 휘어지는데, 이런 휘어진 시공간을 빛이 통과할 때는 빛의 직진 경로도 휘어지게 된다. 실험을 통해 실제 태양 근처를 지나가는 빛이 태양의 중력에 의해 그 경로가 휘어지면서 통과하는 것을 관측하였다. 빛은 4차원의 시공간 속에서는 직선으로 진행하지만 지구라는 3차원 공간에 있는 우리에게는 빛이 원 궤

도를 따라 움직이는 것처럼 그 경로가 휘어지게 보이는 것이다.

휘어지는 시공간과 쌍둥이 역설

이렇게 시공간은 그 안에 담겨 있는 에너지와 질량의 분포에 따라서 휘어지고, 이 휘어짐에 의해 시간과 공간의 상대적인 변화가 결정된다(이 휘어짐이 거의 무한대로 급하게 변하는 매우 작은 영역이 바로 검은 구멍, 블랙홀이다). 빅뱅 초기 우주의 크기는 성냥개비를 10^{30}분의 1로 잘게 자른 정도로 작은 크기이다(이는 성냥개비를 100억 분의 1로 나누고 또 100억 분의 1로 나누고 다시 100억분의 1로 나눈 크기와 같다). 이렇게 엄청나게 작은 우주에 포함된 무한대의 에너지가 폭발과 동시에 팽창하면서 시간이 시작되고 공간과 물질이 생겨난 것이다.

상대성이론에 따르는 자연스럽고 흥미로운 결과 중에 하나로 소위 '쌍둥이 역설(Twins Paradox)'이라는 것이 있다. 쌍둥이 두 사람이 상대적으로 서로 다른 속도로 움직이거나 또는 시공간 곡률(휘어짐의 정도)이 서로 다른 장소에 있는 경우 각자 다르게 나이를 먹을 수 있다는 내용이다. 이는 2014년에 개봉된 영화 《인터스텔라(Interstellar)》에 감동적으로 나오는 내용이기도 하다[토성 근처의 블랙홀을 통한 짧은 우주여행을 하고 돌아온 아버지가 이미 오랜 시간이 지나 나이 많은 할머니가 된 딸의 임종을 맞이하는 장면을 말한다. 참고로 이 영화에는 웜홀(worm hole)을 통한 우주여행 관련 장면도 나오는데, 우주의 중력에 의해 휘어진 시공간의 벽에 웜홀이라는 구멍을 뚫어 짧은 시간여행이 가능하게 한다는 원리이다.

한편, 일반상대성이론은 시공간의 변화에 따른 매우 역동적인 우주를 보여주고 있는데, 영국의 물리학자 스티븐 호킹은 자신의 스승인 로저 펜로즈(Roger Penrose)와 함께 일반상대성이론을 사용하여 우주에 시작이 있다면 끝도 있다는 것을 수식으로 증명했다.

상대적인 시공간의 개념

요약하면 뉴턴의 운동법칙에 의해 절대 공간에 대한 믿음은 사라지고 상대적인 공간의 개념이 등장하였다. 그리고 아인슈타인의 특수상대성이론에 의해 절대 시간이라는 고정관념이 상대적인 시간 개념으로 대치되었다. 나아가 시간과 공간은 서로 독립적인 별개의 것이 아니라 서로 얽혀진 하나의 시공간으로 이해해야 한다는 것도 알게 되었다. 그리고 일반상대성이론에 의해 시공간은 우주 속에서 일어나는 모든 현상과 운동에 영향을 줄 뿐만 아니라 영향을 받기도 한다는 것을 알게 되었다. 즉, 시공간은 물질의 운동을 결정하며 물질 역시 시공간을 휘게 함으로써 서로 영향을 준다.

이런 이론들에 의해 우리는 우주의 기원에 대한 새롭고 현대적인 정보를 얻게 되었다. 물론 앞으로 과학자들은 계속 이러한 이론들을 수정, 발전시킬 것이고 그에 따라 우주의 신비에 관한 인간의 이해의 폭도 조금씩 더 넓어질 것이다.

빈 공간으로서의 땅은
어떤 의미를 지닐까?

공간, 만물을 담는 그릇

창세기 1장 2절에서 한 가지 흥미로운 사실은 하늘이 아니라 오직 땅이 비어 있음을 언급한다는 것이다. 앞서 생각해본 대로 하나님이 보이는 우주 만물 세계로서의 땅을 창조하신 것은 비어 있는 물질적·물리적 공간을 만드셨음을 의미한다. 물론 비었다는 것은 무언가로 그 자리를 채울 수 있다는 의미도 된다. 따라서 지구뿐 아니라 모든 보이는 물질세계를 아우르는 포괄적 의미의 땅이 가지는 또 다른 특징은 한마디로 채울 수 있는 공간이 있다는 것이라고 하겠다. 신학적으로는 하나님이 셋째 날까지는 채울 수 있는 공간을 만들고, 나머지 3일 동안은 그 공간을 채우시는 것으로 창세기 1장을 이해하기도 한다.

우선 성경에서 공간으로서의 땅의 특징을 살펴보자. 2절에서 첫 번째로 묘사되는 단어는 '혼돈'이다. 혼돈은 히브리 원어로 토후(tohu)이고 영어로는 무형체(formlessness)이자 비어 있는 상태(emptiness)를 의미한다. 그리고 이어지는 단어는 보후(bohu)인데 이는 공허(emptiness)를 뜻한다. 세 번째 단어는 호쉐크(hoshek)로서 이는 흑암(darkness)을 의미한다. 마지막으로 테홈(tehom)이라는 단어로 묘사된 특징인데 이는 해저와 같은 깊음(depth)을 의미한다. 이 네 개의 단어는 서로 무관하게 보이지만 공통적인 특징은 빈 공간을 의미한다는 것이며, 따라서 이는 그만큼 채울 여지가 있다는 말이다. 이는 마치 창세기 1장 6절에서 사용된 '궁창(expanse, 얇게 펴서 길게 늘어뜨린다는 의미)'과 같이, 또는 지구 밖의 깊은 우주 공간처럼 어둠으로 가득 찬 비어 있는 공간의 이미지를 보여준다.

한마디로 땅은 빈 공간으로서 우주 만물을 담을 수 있는 공간이자 그릇이다. 이는 뉴턴이 갖고 있던 공간의 개념이기도 하다. 그런 의미에서 땅(보이는 모든 물질세계)은 물질적 공간이라 할 수 있으며 보이는 세계를 채우는 물리적 공간의 의미도 갖고 있다. 이런 관점에서 생각해보면 어쩌면 시간도 하나의 공간적 개념으로 볼 수 있을 것이다. 우리는 일상생활에서 시간을 때운다, 시간을 채운다, 시간을 절약한다(save, 따로 떼어 저장한다)라는 말을 종종 쓰는데, 이런 말은 시간을 공간적 개념으로 이해하여 비유하는 것이라고 할 수 있다.

나아가 이와 비슷한 맥락에서 시공간도 공간적 개념으로 이해할 수 있다. 요컨대 공간이란 말에는 가시적으로 물질을 채울 수 있는 물리적 공간이라는 뜻도 있지만 보이지 않는 비물질적 공간의 의미도 있다. 그런데 사실 이 두 가지 의미의 공간을 하나의 개념으로 볼수도 있다. 다음 장에서는 물질의 비물질성을 통해 물질로 가득 채워진 물리적 공간도 어떤 의미에서는 본질적으로 비물질적 특성을 내포하고 있음을 생각해보고자 한다.

물질의 본질은
무엇일까?

물질은 에너지로 채워진 공간

　　　　　　　　　　　　　　세계적인 이론물리학자 카를로 로벨리(Carlo Rovelli)는 그의 책《보이는 세상은 실재가 아니다(Reality is not what it seems)》에서 다음과 같은 이야기를 한다.

뉴턴은 공간이란 우주를 담을 수 있는 텅 빈 큰 그릇이자 상자와 같다고 생각했다. 사실 공간은 물질로 구성되어 있는 실재이다. 따라서 뉴턴의 우주는 시간, 공간, 입자로 만들어져 있다. 그런데 시간과 공간은 시공간으로 합쳐지고 시공간은 중력장[물리학에서 장(field)은 힘이 전달되는 바탕이자 배경으로서 마당과 같은 의미로 사용된다]과 동일하게 취급된다. 반면 입자는 질량을 갖는 물질이고 이 물질은 에너지와 동일하니(질량과 에너지가 동등하다는 등가 원리) 결국 우주 만물은 에너지와 장으로 구성되어 있다는 것이다. 즉, 보이는 물질세계는 보이지 않는 에너지와 장으로 이루어져 있다는 결론을 내린다.

그렇다면 제1부에서 언급했던 대로 물질로 채워진, 그래서 보이는 세계로서의 공간에 대해 이해하기 위해 땅의 본질을 좀 더 생각해보자.

오랫동안 사람들은 보이는 것은 모두 물질적이라고 생각해왔다. 그래서 시각이나 촉각 등 인간의 오감으로 경험할 수 없는 것은 존재하지 않는다고 여겨왔고, 자연히 보이지 않는 하나님의 존재를 부정하게 되었다. 이러한 유물론적인 세계관은 무의식적으로 사람들의 생각과 삶을 오직 눈에 보이는 것, 즉 흙(물질)으로 된 것에만 관심을 갖게 하였다. 창세기 3장 19절에 기록된 대로 인간은 흙에서 나서 흙으로 돌아가는 '아담'(히브리어 '아다마'는 흙이란 뜻이다)의 운명으로 살아가게 된 것이다.

우리가 물질로 된 자연세계에 대해 말할 때, 일반적으로 자연(自然)을 말 그대로 '저절로 그렇게 되는', 즉 '스스로 존재하는' 것으로 생각한다. 그러나 보이는 물질은 과연 스스로 존재하는 것일까?

1905년에 아인슈타인은 물질과 에너지는 동전의 양면과 같은 것이라는 이론을 발표했다. 이것이 바로 $E=mc^2$로 표현되는 '질량(m)과 에너지(E)의 등가 원리'이다. 이 법칙에 의하면 질량으로 규정되는 모든 보이는 물질은 그 안에 보이지 않는 일정한 양의 에너지를 지니고 있다. 즉, 모든 물질은 물질 자체로서만 존재하는 것이 아니라, 보이지 않는 에너지로 구성되어 있다는 것이다. 그런데 놀랍게도 이러한 과학적 사실이 약 2천 년 전에 쓰여진 성경에 이미 나타나 있다.

"보이는(seen) 것은 나타난(visible) 것으로 말미암아 된(be brought into existence) 것이 아니니라"(히브리서 11:3).

원자의 내부구조로 본 물질

　　　　　　　　　　이러한 사실은 원자의 내부구조를 이해하면 더욱 자명해진다. 20세기에 과학자들이 발견한 또 다른 놀라운 사실은 원자의 내부는 99.99% 이상이 빈 공간이라는 것이다. 예컨대 태양 주위를 도는 지구와 같은 간단한 원자 모형을 가정할 때, 가장 작은 원자인 수소 원자의 크기는 대략 10^{-8} ㎝인데, 이를 구성하는 양성자의 크기는 10^{-13} ㎝이고 전자의 크기는 10^{-16} ㎝ 이하이므로, 이 두 입자를 제외한 대부분의 원자 내부공간은 비어 있다고 할 수 있다. 따라서 돌과 같은 고체도 사실은 그 내부가 대부분 빈 것이다. 그런데도 돌이 단단한 고체로 존재하는 이유는 핵과 전자 사이의 비어 있는 공간이 보이지 않는 전자기적 인력에 의한 에너지로 가득 채워져 있기 때문이다.

　이처럼 모든 보이는 것들의 형체가 유지되는 것은 보이는 물질로 그 내부가 채워져 있어서가 아니라 보이지 않는 에너지로 강하게 서로 붙들려 있기 때문이다. 즉, 물질에서 에너지를 모두 제거하면 그 물질은 형체를 유지할 수 없다. 한마디로, 보이는 물질 뒤에는 보이지 않는 에너지가 있는 것이다.

오래전부터 물질과 에너지는 사실 별개의 것으로 여겨져왔다. 돌이나 물 같은 물질은 빛 에너지나 열 에너지와는 전혀 무관하다고 생각했다. 100년 전만 해도 보이는 것들이 물질이 아니라 에너지로 되어 있다고 주장한다면 곧바로 대학강단에서 쫓겨났을 것이다. 그러나 모든 물질이 에너지로 이루어져 있다는 것은 분명한 과학적 사실이다. 그동안 보이는 물질세계에 관해 우리가 답습해온 유물론적 고정관념은 이제 수정되어야 할 것이다.

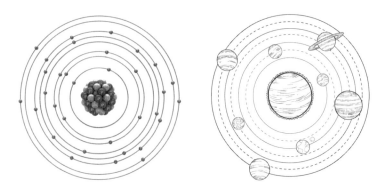

원자의 내부 구조(왼쪽)와 태양계 행성 구조(오른쪽)

스스로 존재할 수 없는 자연세계

그렇다면 단순히 적당한 에너지만 모아놓으면 원자와 같은 물질이 저절로 존재할 수 있을까? 엄청난 에너지의 폭풍이 몰아치면 땅 위의 돌들이 서로 모여서 하나의 건물이 만들어질 수 있을까?

우리는 직관적으로도 이것이 불가능함을 알고 있다. 또한 물질은 분명 에너지의 조합이지만 그 에너지 뒤에는 뭔가 그 에너지들을 정교하게 결합하는 고도의 '지적 설계'가 존재한다는 것을 직감하게 된다.

100년 전만 해도 물질 뒤에 에너지가 존재한다는 사실을 받아들이기 어려웠던 것처럼, 에너지 뒤에 그 무엇인가가 존재한다는 것이 생소할 수도 있다. 그러나 20세기를 지나면서 물리나 생명현상 속에는 엄청나게 얽혀 있는 그 무엇이 있다는 것이 과학적으로도 조금씩 밝혀지고 있다.

과학자들은 이것을 '정보(information)'라 부르고 성경은 창조주의 '지혜'라고 말한다. 이에 대해 로마서 1장 20절은 다음과 같이 이야기한다.

"창세로부터 (…) 그의 영원하신 능력과 신성이 그가 만드신 만물에 분명히 보여 알려졌나니 그러므로 그들이 핑계하지 못할지니라."

요컨대 자연세계에는 그 어떤 것도 스스로 존재하지 못한다. 천하 만물 중에 오직 스스로 존재하는 것은 하나님뿐이다. 출애굽기 3장

14절에서 하나님은 자기 자신에 대해 다음과 같이 말씀하신다.

"하나님이 (…) 이르시되 나는 스스로 있는 자이니라."

또한 하나님은 모든 것의 근원이 되신다("주께서 지혜로 그들을 다 지으셨으니", 시편 104:24). 무신론자 카를로 로벨리가 발견했듯, 보이는 것은 보이는 것으로 이루어져 있지 않다. 물질의 본질은 비물질적인 요소로 구성되어 있는 것이다.

물질을 통해서 창조주의 발자취를 경험할 수 있을까?

설계자 창조주의 지혜, 지적 설계

"창세로부터 그의 보이지 아니하는 것들 곧 그의 영원하신 능력과 신성이 그가 만드신 만물에 분명히 보여 알려졌나니 그러므로 그들이 핑계하지 못할지니라"(로마서 1:20).

하나님은 그분의 말씀(히브리서 1:3), 즉 그분의 지혜(시편 136:5)로 우주 만물을 창조하셨기에 그가 만드신 만물에는 하나님의 신성(하나님의 인격)이 드러나 있다. 사람의 말에 그 사람의 인격이 묻어 있듯이, 하나님의 말씀에 담긴 하나님의 인격(신성)은 그가 만드신 자연에 잘 나타나 있다. 한마디로 우주 만물은 창조주의 성품을 담아내고 있는 공간이자 그릇이다. 그러므로 자연과학을 더 깊이 이해할수록 하나님의 '영적인 법칙'과 '자연의 법칙' 사이에 많은 공통점이 발견되는 것은 당연한 일이다. 나아가 이 법칙들은 인간의 '몸(땅에서 난 흙)'에 작용하는 원리(건강과 질병의 문제)에도 밀접하게 적용되고 있음을 알게 된다.

이 장에서는 서로 다른 영역에서 어떻게 하나님의 말씀에 의한 창조 섭리가 중심 원리가 되어 영적인 법칙(또는 과학의 법칙)과 건강의 법칙으로 작용하는지 알아볼 것이다. 또 나아가 이 법칙들이 어떻게 우리의 일상에서 경험되어지는가를 나누고자 한다("사랑하는 자여 네 영혼이 잘됨 같이 네가 범사에 잘되고 강건하기를 내가 간구하노라", 요한3서 1:2).

창조의 원리

앞서 제1부에서 설명했던, 하나님의 창조를 설명하는 영적인 법칙이자 과학적 법칙을 좀 더 자세히 생각해보자. 우선 히브리서 4장 12절["하나님의 말씀은 살아 있고 활력(운동력)이 있어…"]와 고린도전서 15장 37-38절("또 네가 뿌리는 것은 장래의 형체를 뿌리는 것이 아니요 다만 밀이나 다른 것의 알맹이 뿐이로되 하나님이 그 뜻대로 그에게 형체를 주시되 각 종자에게 그 형체를 주시느니라")을 종합해서, 다음과 같은 창조의 원리로 요약할 수 있음을 언급했다.

하나님(영)은 말씀하시고, 그 말씀 안에는 운동력(에너지)이 있으며, 그 운동력(에너지)은 형체(만물)를 구성한다. 즉, '하나님(영) ⇨ 말씀(지혜) ⇨ 운동력(에너지) ⇨ 형체(만물)'라는 공식이 성립한다. 이 법칙의 영적인 의미를 좀 더 생각해보자.

하나님도 말씀하시고 천사도 말을 하고 마귀도 말을 한다. 즉 모든 영적인 존재는 말을 한다. 그래서 사람이 말을 한다는 것은 사람이 영적인 존재라는 것을 의미한다. 짐승처럼 단순히 소리를 통해 정보만을 전달하는 것이 아니라, 사람의 말 속에는 그 사람의 영(의식)이 담겨 있다("내가 너희에게 이른 말은 영이요 생명이라", 요한복음 6:63). 따라서 영이신 '하나님'으로부터 하나님의 '말씀(의식)'을 받고 그에 따라 움직이면(운동력) 반드시 하나님의 창조와 구원의 역사(형체)가 나타나게 된다. 그러나 사탄의 말과 생각을 따라 움직이면 있던 형체도 사라지는데, 하나님과의 관계뿐 아니라 인간관계도 깨어지고 건강도 무너지게 된다.

사실 사람의 모든 행동은 다 영적인 것이다. 누구나 자신 속의 영과 의식(생각)을 따라 움직이기 때문이다. 한편 겉으로 보기에는 같은 행동이라도 어떤 영(마음)을 따라 움직이냐에 의해 그 결과도 달라진다. 이것이 바로 위의 간단한 공식으로 요약되는 영적인 법칙이자 창조의 법칙이다. 즉, '심은 대로 거두는 법칙'으로서 영적인 세계와 자연세계에 공히 적용되는 원리인 것이다.

건강의 문제는 에너지의 불균형 문제

이러한 하나님의 영적인 법칙은 의학적인 면에서 인간 몸의 건강에도 동일하게 작용하는 것 같다. '영(마음) ⇨ 정보(기억) ⇨ 에너지 ⇨ 몸(형체)'의 공식을 다시 생각해보

자. 건강 문제는 몸과 관련된 문제이다. 그런데 오늘날의 의학은 건강의 문제가 결국 몸의 에너지의 문제임을 점차 알아가고 있다. 스탠퍼드 대학의 윌리엄 틸러 교수는 "미래의 의학은 몸의 에너지를 어떻게 조절하느냐에 기초할 것이다"라고 이야기했다. 인간의 건강과 치유의 문제 배후에도 에너지 문제가 자리 잡고 있음을 보기 시작한 것이다. 마치 아인슈타인이 모든 물질 뒤에는 에너지가 작용하고 있음을 밝혔듯 말이다.

몸의 에너지의 불균형은 생리학적인 스트레스를 유발하고, 이 스트레스는 신경계의 균형을 깨뜨린다. 인체를 침범한 병원균을 퇴치해야 할 때 우리 몸은 전투태세에 돌입하고 많은 에너지가 이 싸움에 투입되는데, 이때 일시적으로 에너지의 불균형이 일어나게 된다. 그런데 만일 이런 스트레스가 지속된다면 몸의 에너지가 정상 기능을 위해 쓰이지 못하고 전투에만 소모되므로, 우리 몸의 기관들에 이상이 생기고 특히 면역계통에 영향을 미치게 되는 등 전체적인 균형이 깨지게 된다. 따라서 질병의 배후에는 주로 면역 계통의 문제를 유발하는 '에너지'의 불균형이 있다.

그런데 에너지의 불균형은 세포 차원에서부터 나타나는 현상이다. 즉, 과거에 몸(세포)에 새겨진 잘못된 정보나 기억, 부정적인 생각이나 몸에 큰 고통이 찾아온 트라우마 등이 세포에 '정보(기억)'로 저장되어 있다가 몸의 에너지가 불균형해지는 원인이 된다. 그리고 이처럼 몸 안에 에너지 순환이 불균형하게 되면 이는 외적인 질병으로 나타나게 된다. 그래서 밖으로 드러나는 현상만 고치는 것으로는 근본적인 치료가 어렵다. 많은 경우, 몸(세포)에 새겨진 잘못된 '기억'들이 스트레스와 에너지 문제를 유발하고 여러 질병의 원인이 되기 때문이다.

결국 '몸'에 기억되어 있는 여러 잘못된 '정보'들을 바로잡기 위해 사람의 '마음(영)'을 함께 치료하는 것이 중요하다. 즉, '몸'의 생리적 문제가 '마음'의 영적인 문제에까지 연결되는 것이다. 그래서 성경은 "사람의 심령(마음)은 그의 병을 능히 이기려니와 심령(마음)이 상하면 그것을 누가 일으키겠느냐"(잠언 18:14), 그리고 "모든 지킬 만한 것 중에 더욱 네 마음을 지키라 생명의 근원이 이에서 남이니라"(잠언 4:23)라고 말하고 있다.

영적인 그릇인 몸

성경은 오직 의인(즉, 의롭다 칭함을 받은 자)은 믿음으로 살라고 명령한다(로마서 1:17). 그런데 믿음은 실상(하나님)을 바라는 것이다(히브리서 11:1). 즉, 모든 현상(형체)의 배후에 스스로 존재하며 유일한 실상(영)이신 창조주 하나님만을 바라보는 것이다. 따라서 육신의 눈에 보이는 현상을 넘어서서 실상을 볼 수 있는 영적인 눈이 뜨이는 성도는 반드시 그 삶 속에서 말씀이신 창조주를 경험하게 된다(요한1서 1:1-2).

이런 의미에서, 위의 건강의 법칙에서 보듯 인간의 몸은 하나님의 임재와 치유와 회복을 경험할 수 있는 영적 예배의 현장이자 영적인 그릇이라고 할 수 있다("그러므로 형제들아 내가 하나님의 모든 자비하심으로 너희를 권하노니 너희 몸을 하나님이 기뻐하시는 거룩한 산 제물로 드리라 이는 너희가 드릴 영적 예배니라", 로마서 12:1).

그러므로 육은 악한 것이니 버려야 하고 영은 선한 것이니 이것만 중요하다고 하는 이원론적 생각은 성경의 가르침이라고 할 수 없다. 성경에서는 영과 육 모든 것이 함께 중요하고 서로 밀접하게 연결되어 있다고 말한다. 이는 마치 시간과 공간을 별개로 생각할 수 없으며 시공간이라는 하나의 개념으로 받아들여야 하는 것과 유사하다.

"평강의 하나님이 친히 너희를 온전히 거룩하게 하시고 또 너희의 온 영과 혼과 몸이 우리 주 예수 그리스도께서 강림하실 때에 흠 없게 보전되기를 원하노라"(데살로니가전서 5:23).

우주 공간에 가득한 창조주의 신성은 무엇일까?

4차원 시공간에 편만한 하나님의 사랑

"능히 모든 성도와 함께 지식에 넘치는 그리스도의 사랑을 알고 그 너비와 길이와 높이와 깊이가 어떠함을 깨달아 하나님의 모든 충만하신 것으로 너희에게 충만하게 하시기를 구하노라"(에베소서 3:18-19).

성경은 하나님에 대해서 다양한 묘사를 보여준다. 하나님의 성품과 위대하심을 단 몇 마디로 다 표현할 수는 없겠지만, 이를 통해 우리는 성경과 만물에 계시된 하나님을 좀 더 알아갈 수 있다.

에베소서 3장 18-19절의 말씀은 그리스도의 사랑을 통해 하나님이 어떠한 분인가에 대해 성도들이 능히 깨달아 알기를 원하는 사도 바울의 기도이다. 19절은 그리스도의 사랑을 우리가 실질적으로 이해할 수 있도록 '너비(width)' '높이(height)' '깊이(depth)' 그리고 '길이(length)'라는 4차원 시공간의 과학적인 단어들과, 이들을 종합적으로 아우르는 '충만'이라는 단어를 사용하고 있다(여기서 '길이'는 공간적 길이의 의미보다는 시간의 길이의 의미로 생각하고자 한다).

이제부터 각 단어 속에 계시된 그리스도의 사랑의 특징을 함께 묵상하면서 우리가 믿는 하나님은 어떠한 분인지, 또 얼마나 위대하신 분인지 입체적으로 이해해보자. 그래서 우리 인생을 향하신 하나님의 사랑과 인도하심이 얼마나 무궁한지를 깨닫고, 나아가 그분을 신뢰하고 우리 각자가 하나님께서 친히 거하시고 일하시는 성전으로서 새롭게 헌신하는 기회가 되길 소망하자.

'너비' ‒ 모든 것을 다 품으시는 하나님의 넓으신 사랑

바울 사도는 그리스도의 사랑을 이해할 수 있는 첫 열쇠로 '너비'를 제시한다. '넓다'라는 헬라어 단어에는 '구석구석 빠짐없이 모든 것을 다 포함시킨다'라는 뜻이 있다. 우리는 여기에서 그리스도의 사랑을 적어도 두 가지 각도에서 이해할 수 있다.

첫째, 그리스도의 사랑은 우리의 구석구석 하나도 빠짐없이 모든 것을 다 포용하는, 그래서 우리의 있는 모습 그대로 받아주시는 사랑이다. 우리의 과거와 현재의 모습이 어떠하든 우리의 전부를 용납하시는 사랑이다.

둘째, 그리스도의 사랑은 유대인, 이방인, 기독교인, 타 종교인, 의인, 죄인을 불문하고 이 세상에 있는 모든 사람을 다 사랑의 대상으로 상대해주시는 사랑이다. 그래서 성경은 하나님의 사랑은 모든 것을 참으며 모든 것을 믿으며 모든 것을 바라며 모든 것을 견디는 사랑이라고 말한다(고린도전서 13:7). 악인과 선인에게 모두 해를 비치게 하고 의로운 자와 불의한 자에게 똑같이 비를 내리시는(마태복음 5:45) 사랑이다. 이 넓은 사랑 때문에 모든 사람은 예수님을 믿음으로써 하나님 앞에 나올 수 있는 것이다.

그리스도의 사랑의 너비에 비추어볼 때 하나님의 넓으심은 측량할 수 없다. 하나님께서 모든 피조물보다 넓으신 분임은 두말할 나위가 없을 것이다. 예컨대 하나님께서 만드신 우주는 무한히 넓다. 과학자들은 우주에 1,000억 개가 넘은 은하계가 있다고 추정하며, 그중 제일 큰 은하계들에는 별이 1,000억 개 이상 들어 있고, 이 은하들은 대부분 100,000광년 이상이 되는 공간에 뻗어 있다. 이 정도로 넓은 우주는 빛의 속력으로 달려도 100억 년 이상 걸리는, 광활하고 끝없는 우주이다. 그런데 하나님은 이 광대한 우주보다 더 넓으신 분이다.

하나님은 모든 것을 선대하시며 그 지으신 모든 것에 긍휼을 베푸신다(시편 145:9), "여호와는 위대하시니 크게 찬양할 것이라 그의 위대하심을 측량하지 못하리로다"(시편 145:3). "여호와여 위대하심과 권능과 영광과 승리와 위엄이 다 주께 속하였사오니 천지에 있는 것이다 주의 것이로소이다 여호와여 주권도 주께 속하였사오니 주는 높으사 만물의 머리이심이니이다"(역대상 29:11).

'높이' – 지극히 높으신 하나님의 거룩한 사랑

우리가 그리스도의 사랑을 이해할 수 있는 공간적인 두 번째 단어는 '높이'이다. '높이'라는 단어에는 두 가지 의미가 내포되어 있다.

첫째, 영적인 높은 차원을 말한다. 영이신 하나님은 창조에 속하지 않은 영적인 셋째 하늘(고린도후서 12:2)에 그분의 보좌에 임재해 계신 영광의 하나님이다. 이는 창세기에서 사람들이 아무리 높은 바벨탑을 쌓아도 결코 도달할 수 없는 높이라고 할 수 있다.

한편 하나님께서 인간에게 내리는 위로부터의 사랑은 지극히 숭고한 아가페적 사랑이다(로마서 5:5). 이 사랑은 낮고 천한 땅에 있는 우리 인간을 높은 차원으로, 주님 곁으로 이끌어 올려준다. 하나님은 우리가 그분을 닮도록 그분의 영을 부어 우리의 삶과 인격의 차원을 높여주신다.

둘째, 높다는 의미에는 거룩하다는 뜻이 포함되어 있다. 사람은 위에서부터 부어지는 하나님의 거룩한 사랑을 통해서만 하나님의 거룩함에 동참할 수 있다. 이러한 하나님의 사랑 없이 스스로 높아지거나 거룩해지려는 인간의 모든 노력은 결국 사탄의 교만에서부터 시작된 것이며(이사야 14:12-14) 이는 궁극적으로 인간의 모든 죄의 근원이 되는 것이다.

"내가 알거니와 여호와께서는 위대하시며 우리 주는 모든 신들보다 위대하시도다"(시편 135:5).

"여호와께서는 지극히 존귀하시니 그는 높은 곳에 거하심이요"(이사야 33:5).

"하나님은 주권과 위엄을 가지셨고 높은 곳에서 화평을 베푸시느니라"(욥기 25:2).

"여호와와 같이 거룩하신 이가 없으시니"(사무엘상 2:2).

"나는 여호와 너희의 거룩한 이요 이스라엘의 창조자요 너희의 왕이니라"(이사야 43:15).

'깊이' – 끝없이 낮아지시는 하나님의 깊으신 대속의 사랑

그리스도의 사랑을 이해하는 세 번째 열쇠는 그 사랑의 깊이를 깨닫는 것이다. '깊이'는 '깊다'라는 문자적인 의미와 더불어 '낮아짐'의 의미를 함의한다.

그리스도의 사랑은 측량할 수 없이 깊은 사랑이다. 그리고 타락한 이 세상에 인간의 모습으로 찾아오시는 겸손한 낮아짐의 사랑이다. 성경은 하나님을 묘사할 때 깊음이라는 단어를 사용하지 않는다. 깊음이라는 단어는 주로 흑암, 지옥 등의 상태를 일컬을 때 사용한다. 인간의 깊은 내면에는 이러한 영적인 어둠의 상태(창세기 1:2)가 여전히 잔존하는 것이다. 그래서 하나님을 알지 못하는 사람은 누구나 이러한 지옥의 상태, 즉 허무와 어둠을 경험하게 된다. 물론 하나님께서 지옥같이 깊은 곳까지 내려오시는 이유는 죄 때문에 깊은 어둠에 머무르고 있는 인간들을 구원하기 위함이다. 십자가의 대속의 사랑이다.

이 사랑은 인간의 내면에 깊숙이 감춰진 어둠을 밝히는 한 줄기 빛과 같은 사랑이고, 황폐한 사막에서 샘솟는 청량한 오아시스와 같은 사랑이다. 인간은 이 대속의 사랑이 내면 깊은 곳에서 채워질 때 비로소 이 세상에서 지옥을 면제받게 된다.

십자가로 표현된 예수님의 사랑은 세상에서는 상상할 수 없는 하나님의 구원의 능력이다. 따라서 하나님의 넓고 신실한, 또한 높은 사랑으로 하나님의 형상을 회복한 사람은 그분의 한없이 깊고 겸손한 사랑에 힘입어 세상에서 대속의 십자가 사랑을 실천할 수 있다.

그리스도의 대속의 십자가 사랑은 우리의 하나님이 헤아릴 수 없이 깊으신 분임을 말해준다. 특히 그분의 지혜와 지식은 태평양의 깊은 심연보다 더 깊고 우주보다 더 깊다. 그래서 사도 바울은 "깊도다 하나님의 지혜와 지식의 풍성함이여, 그의 판단은 헤아리지 못할 것이며 그의 길은 찾지 못할 것이로다"(로마서 11:33)라고 탄복했던 것이다.

이처럼 깊으신 하나님은 예수님을 통해 본을 보이셨던 것과 같이 다른 사람들을 위하여 우리가 깊은 사랑으로 낮아짐의 사랑을 베풀기를 원하신다. 따라서 누구든지 창조주 하나님을 신뢰하고 그분의 형상을 회복한 사람은 이와 같은 하나님의 깊으신 뜻을 헤아려, 날마다 자기를 부인하고 대속의 십자가를 지는 삶을 살게 된다.

"너희 안에 이 마음을 품으라 곧 그리스도 예수의 마음이니 그는 근본 하나님의 본체시나 하나님과 동등됨을 취할 것으로 여기지 아니하시고 오히려 자기를 비워 종의 형체를 가지사 사람들과 같이 되셨고 사람의 모양으로 나타나사 자기를 낮추시고 죽기까지 복종하셨으니 곧 십자가에 죽으심이라"(빌립보서 2:5-8).

'길이'(시간적 길이) – 변함이 없는 하나님의 영원한 사랑

하나님의 사랑을 이해하는 마지막 열쇠는 '길이'이다. 여기서 길이는 특히 시간적 길이를 의미한다.

시간에는 두 가지 특성이 있다. 첫째, 변화하는 자연현상을 기술할 때 사용하는 물리량이다. 따라서 변함없는 하나님은 이러한 시간적 변화를 초월하는 분이다. 하나님은 어제와 오늘이 똑같은, 영원히 변함이 없으신 분이다. "이제도 있고 전에도 있었고 장차 올 자요 전능한 자라 하시더라"(요한계시록 1:8).

그렇기에 하나님의 사랑도 영원히 변함없으며 회전하는 그림자도 없는(야고보서 1:17) 사랑이다. 하나님의 사랑은 잠시 있다가 사라지는 안개와 같이 일시적인 것이 아니라, 영원히 똑같다. "나 여호와는 변하지 아니하나니"(말라기 3:6).

둘째, 두 사건 사이에 경과된 시간의 길이는 언제나 상대적이다. 앞에서 거듭 보았듯 주어진 시간의 길이를 어떤 관찰자가 측정하느냐에 따라 그 기간이 달라진다는 것이 시간의 상대성이다. 지구상에 사는 인간에게는 140억 년의 긴 우주의 역사도 하나님께는 단지 6일 간의 일이 될 수 있는 것이다. "사랑하는 자들아 주께는 하루가 천 년 같고 천 년이 하루 같다는 이 한 가지를 잊지 말라"(베드로후서 3:8). 인 간에게는 시간 안에서 모든 사건이 과거와 현재와 미래로 분리되어 이루어진다. 그러나 하나님께는 모든 시간의 흐름이 단지 '영원한 현 재'일 뿐이다.

그렇기에 하나님은 과거와 현재와 미래에 동시에 계실 수 있는 초 월자이시며 인간의 모든 역사를 다 알고 주관하실 수 있는 분이다. 이와 같이 시간의 영역 밖에서부터 시간 안에 있는 우리를 찾아오신 하나님의 영원하고 변함없는 신실하신 사랑은 하나님 앞에 나온 우 리로 하여금 그분을 신뢰하고 의지하도록 만든다.

"하나님의 변함없는 영원한 사랑은 영원 전부터 그리스도 안에서 우리에게 주어졌고"(에베소서 1:4), "앞으로 예수님이 다 시 오시고 새 하늘과 새 땅에서 영원토록 누릴 하나님의 신 실하신 사랑입니다"(신명기 7:9).
"거룩하다 거룩하다 거룩하다 주 하나님 곧 전능하신 이여 전에도 계셨고 이제도 계시고 장차 오실 이시라"(요한계시록 4:8).

'충만' – 우주 만물을 가득 채우는 충만한 하나님의 사랑

그리스도의 사랑. 그 넓이, 깊이, 높이 그리고 길이를 종합하여 보면 '충만'이라는 단어로 귀결된다. 다시 말해 그리스도의 사랑은 하나님의 '모든 충만하신 것'이라는 것이다. 여기서 충만은 완전함 내지 온전함을 의미한다. 이는 완전히 채워진 상태, 즉 완성된 상태이며 지금까지 묵상한 다차원적인 그리스도의 사랑이 가득 채워져서 이르는 영적인 성숙을 의미한다. 그러므로 엄밀히 말하면 충만이란 표현은 하나님께만 적용되는 단어라고 할 수 있다. 하나님은 세상을 충만하게 채우시는 분이시고, 하나님은 모든 충만한 것 즉, 사랑으로 만물을 충만케 하신다(에베소서 4:10). 그래서 이 우주 만물에는 하나님의 충만한 신성과 능력이 나타나 있는 것이다(로마서 1:20).

우리가 지금까지 생각해본 에베소서 3장 18-19절 말씀은 그리스도의 사랑의 넓이, 길이, 높이, 깊이를 통해 다차원적인 하나님의 위대하신 사랑을 이해하도록 일깨우고 있다. 그리고 이러한 각각의 차원들을 하나로 모으면 하나의 집, 곧 하나님의 우주적인 성전(holy temple)이 지어지는 것이다. 이처럼 그리스도의 몸이 되는 교회는 만물과 만인을 구원하고 나아가 충만케 하시고자 하는 하나님의 위대하신 사랑과 창조의 섭리가 나타나는 축복의 통로다. 한편 이러한 하나님의 충만함은 궁극적으로 그 피조물을 향한 구원의 완성을 의미한다.

사도 바울은 교회를 "그리스도의 몸이니 만물 안에서 만물을 충만케 하시는 충만함"이라고 설명한다(에베소서 1:23). 그리스도의 몸인 교회와 그것을 이루는 성도는 주님의 충만함으로 채워져야 할 뿐 아니라 이 세상을 채워야 할 사명을 받은 존재이다. 그렇기에 이 나라와 세상의 소망은 오직 그리스도와 그분의 충만함을 입어 이웃과 세상을 충만케 할 교회와 성도인 것이다(에베소서 4:10).

그러므로 앞으로는 우리 모두가 하나님의 이 원대한 계획을 이루어드리는 길을 준비하는 성전으로 새롭게 세워지길 소망한다. 세상을 넘치도록 채울 수 있는 통로로 새로운 기름 부음을 받기를 원한다. 이를 위하여 모든 성도들의 삶이 하나님의 온전하고 온전케 하시는 사랑에 의해 빛과 소금의 삶으로 새로이 거듭나기를 바란다. 그리고 북한과 이스라엘, 이슬람 땅 그리고 온 세상 구석구석에 성령의 임재와 역사가 가득한 주님의 성전들이 무수히 세워지길 간절히 기도한다.

II

보이지 않는 영적 공간,
소우주 인간

—

"하나님의 영은 수면 위에 운행하시니라",
창세기 1:2 후반부

인생의 우주적 특징은
무엇일까?

소우주와 같은 인생

창세기 1:2 후반부에서 보듯이 "하나님의 영은 수면 위에 운행하시니라"라는 구절에서 영이신 하나님이 운행하시는 공간, 즉 영적인 공간이 있다는 것을 암시하고 있음을 알 수 있다. 하나님이 창조하신 우주 만물은 보이는 물질세계와 보이지 않는 영적 세계로 이루어져 있다. 보이는 물질세계는 보이지 않는 하나님의 신성이 비치는 스크린, 또는 하나님의 모습 중 일부를 보여주는 TV 화면과도 같다.

우리는 이렇게 공간 속에서도 하나님의 그림자를 볼 수 있지만, 또 다른 보이지 않는 영역, 즉 시간 안에서도 하나님의 그림자를 느낄 수 있다. 그런데 우리는 인간도 비슷한 구조로 이루어져 있음을 통해 놀라운 하나님의 창조 섭리를 만날 수 있다. 그런 의미에서는 인생도 하나의 소우주라고 할 수 있다.

보이는 물질세계(땅)와 보이지 않는 비물질의 영적 세계는 마치 물과 기름처럼 서로 상반된 성질을 가지면서 공존한다. 그런데 유일하게 이러한 두 세계의 교차점에 존재하는 것이 바로 인간이다. 따라서 인간은 우주의 축소판, 곧 소우주적 존재라고 할 수 있다. 여기에는 그리스도 예수 안에서 하나님이 미리 세우신 뜻이 숨겨져 있다. 그러면 물질세계와 영적 세계에 대해 좀 더 자세히 알아보고, 소우주적 존재로서 인간의 창조에 대한 의미를 나누어보자.

보이는 물질세계

우주의 보이는 부분인 물질세계는 시간과 공간, 그리고 형체(몸, 흙)로 구성된 세계라 할 수 있다. 물질세계는 그 특성에 따라 세 단계의 구조로 나눌 수 있다(이러한 단계적 구별은 하나님의 창조 순서와도 유사하다). 가장 낮은 단계는 흙이나 물, 원소, 공기 등의 기본적인 광물적 요소로 구성된다. 여기는 에너지가 시간과 공간 안에서 형체로 나타난 영역이다. 이러한 광물 단계 위에는 식물이 존재한다. 광물은 그 안에 뿌리를 박고 생장하는 식물에게 에너지를 공급한다. 식물 단계 위에는 동물이 존재하는데, 자신의 몸의 움직임(운동)과 주위환경을 이용하여 생존하는 동물계는 식물로부터 에너지를 공급받는다. 그리고 동물 단계의 맨 위에는 인간이 있다. 인간은 그 아랫 단계인 광물, 식물, 동물로부터 필요한 에너지를 얻는다.

이러한 물질세계의 구조 아래에서 인간을 포함하여 땅에 속한 모든 것은 땅의 본질인 흙으로 되어 있어 눈에 보이며, 시간과 공간 안에서 자연의 법칙에 따라 움직이고 늘 변한다. 무엇보다 땅에 속한 피조물은 모두 흙을 입고 이 땅에서 시작하여 다시 흙으로 돌아가는 아담(흙)의 운명을 가지는 것이다.

보이지 않는 비물질세계

한편 우주의 보이지 않는 영역인 비물질세계는 시간과 공간, 그리고 흙을 벗어난 영의 세계라 할 수 있다(하나님, 천사, 마귀와 같은 영적 존재의 특징은 흙을 입고 있지 않기 때문에 눈에 보이지도 않고 그림자도 없다).

영적 세계도 세 단계로 구성되어 있다. 가장 높은 단계는 셋째 하늘로 불리는 삼층천으로, 이곳은 창조에 속하지 않은 영역이며 영원하신 창조주 하나님의 보좌와 임재가 있는 곳이다(고린도후서 12:2, 히브리서 9:24).

그 아래에 위치한 중간 단계에는 영적인 피조물인 천사가 있다. 천사들은 늘 하나님의 말씀을 따라 하나님을 섬기고, 그분의 뜻을 이 땅에 이루기 위해 심부름하는 역할을 한다.

가장 아래의 단계에는 타락한 천사인 마귀가 있다. 마귀는 영적 세계와 물질세계의 중간 지점에 있는 인간을 미혹하여, 하나님의 사랑과 영의 세계를 보지 못하도록 가리려고 한다. 그래서 솔로몬 왕의 고백처럼 인간으로 하여금 보이는 세계, 곧 땅만 상대하며 살게 하고 끊임없이 선악과의 자의식을 공급하여 하나님에게서 멀어지게 만든다.

두 세계의 교차점에 존재하는 인간

인간은 이와 같이 서로 상반된 두 세계의 교차점에 존재하면서 두 세계에 모두 속하는 독특한 피조물이다. 인간은 땅에서 취한 흙으로 만들어지고, 자식을 낳고 번성해 땅에 가득하고 물질세계의 모든 생물을 다스리는 사명을 가진 땅에 속한 피조물이다(창세기 1:26, 28; 2:7). 동시에 인간은 유일하게 하나님께 속하고, 하나님의 영(사랑)을 받을 수 있도록 하나님의 형상으로 지어진 영적인 피조물이다.

성경은 인간을 하나님의 영(사랑)을 담는 질그릇이라고 말한다(고린도후서 4:7). 흙인 인간의 몸은 하나님으로 대표되는 영적 세계를 오감을 통해서는 직접 느낄 수 없기에, 영적 세계가 존재하지 않는다고 여긴다. 그러나 하나님의 사랑과 하나님의 영은 눈에 보이지 않아도 인간의 내면에 채워지고 느껴지며, 동시에 인간의 몸과 인격을 통해서 항상 밖으로 표현되며 드러난다. 이는 마치 흐르는 전기는 눈에 보이지 않지만 전구나 TV와 같은 전자기기를 통해 그 실체를 경험할 수 있는 것과 같은 이치다.

이렇게 우주의 두 상반된 세계의 접점에 위치한 인간은 이 두 세계, 즉 물질세계와 영적 세계를 모두 담고 있는 우주의 축소판이자 소우주라고 할 수 있다. 소우주로서의 인간의 성장과정은 물질세계의 단계별 구성과 땅의 창조질서와 일맥상통한 면이 있다.

사람은 부모로부터 흙(몸)을 받아 이 땅에 태어난다. 그래서 어머니의 모체는 가장 기본적이며 낮은 단계의 물질인 광물 단계에 해당한다. 이 모체 안에서 잉태되는 인간은 태아의 시기를 지내게 되는데, 이때는 모체에 연결된 탯줄로 영양분을 공급받아 형체(몸)가 자라고 커지는 시기이므로 식물 단계에 해당한다. 이 태아가 모체 밖으로 태어나면 이제 동물과 비슷하게 주로 본능으로 움직이는 유아 시기, 즉 동물 단계를 지내게 된다. 이후 유아는 부모로부터 사랑(사람의 영)을 받으며 자아를 의식하게 됨에 따라 동물 단계를 벗어나 독특한 사람 단계로 성장하게 된다.

그런데 사람 단계에서 사람은 보다 적극적으로 자아를 의식하고, 다른 사람으로부터 사람의 영과 사랑을 공급받으며 이를 기초로 행동함으로써 비로소 영적인 인간의 모습을 갖게 된다. 영적 세계의 일부가 드러나는 것이다. 유아기를 벗어나면서 인간은 가정과 학교와 같은 공동체 생활을 통해 소속감을 갖게 되고 사춘기도 경험하게 된다. 이 시기는 '나'를 주장하고 가장 자기중심적으로 행동하는 시기인데, 이는 가장 낮은 영적 단계인 마귀의 단계에 해당하는 반항적 단계라 할 수 있다.

한편 철이 들거나 예수님을 알고 믿게 되어 자아의 굴레를 벗어나게 되면 천사와 같이 다른 사람을 섬길 수 있는 사역적 시기, 즉 천사 단계에 이르게 된다. 나아가 그리스도 예수를 통하여 하나님의 사랑을 깊이 경험하고 하나님의 영과 사랑을 계속 받아 영적으로 더욱 성장하면서, 결국 하나님의 사랑을 닮은 모습으로 하나님의 형상을 회복하는 단계까지 자랄 수 있게 되는 것이다.

위대한 창조의 비밀

하나님께서는 이와 같이 인간을 하나의 몸으로 보이는 세계와 보이지 않는 세계, 곧 만물을 다 경험할 수 있는 소우주적인 존재로 창조하셨다. 그 이유는 무엇일까? 하나님께서는 하늘에 있는 것이나 땅에 있는 것이 모두 그리스도 안에서 통일되길 원하셨기 때문이다("하늘에 있는 것이나 땅에 있는 것이 다 그리스도 안에서 통일되게 하려 하심이라", 에베소서 1:10).

하나님께서는 십자가를 통해 이 상반된 두 세계의 중간에 막힌 담을 헐고 예수님 안에서 이 두 세계를 한 몸으로 연합하여 하나님과 화목하게 하셨다. 그리고 예수님을 통해 새 사람(소우주적 인간)으로 하여금 하나님 앞에 나아갈 수 있는 하늘의 길을 활짝 여셨다. 이는 하나님께서 소우주적인 인간을 통해 만물 안에서 만물을 충만하게 하시는 새창조의 역사를 이루고자 하시기 때문이다("내리셨던 그가 곧 모든 하늘 위에 오르신 자니 이는 만물을 충만하게 하려 하심이라", 에베소서 4:10).

그러므로 이를 위해 하나님의 영을 담은 질그릇인 우리는 오늘도 성령 안에서 만유의 아버지이자 만유 위에 계시고, 만유를 통일하시며, 만유 가운데 계시는 하나님이 거하실 처소로, 소우주로, 교회로, 그리스도 예수 안에서 함께 세워져가는 것이다. 이것이 창조주 하나님께서 우리에게 성경을 통해 알려주시는 위대하신 창조의 비밀이 아닌가 한다.

하나님은 말씀의 능력으로 온 우주와 하늘과 땅을 창조하셨다. 그래서 우리가 살고 있는 우주 안에는 그 창조의 모습이 분명히 나타나 있다. 비록 제한적이고 부분적이지만, 우리가 하나님이 주신 지식을 통해 자연의 모습에서 참으로 광대하고 오묘하신 그분의 임재와 역사를 알아볼 수 있다는 것은 매우 고무적인 일이다.

이렇게 우주가 창조된 모습을 통해서도 하나님을 알 수 있듯이, 우리는 이 땅에 사는 동안에 계속되는 수많은 세대들을 통해서도 역시 하나님을 알아갈 수 있다. 그리고 성경의 계시를 통해서 우리는 그분의 모습을 닮아가고 주님의 인격대로 이 땅에서 변화되어가는 과정에 있는 것이다.

물론 우리가 그동안 알고 이해해온 것과 여기서 생각해본 내용들로 하나님의 모든 모습을 분명히 다 알 수는 없을 것이다. 그러나 창세 전의 상태인 무(無)에 하나님의 말씀이 비추어져 만들어진 우주와 이 땅에 나타난 그림자의 모습을 통해서 하나님을 조금씩이나마 알아갈 수 있다는 것은 우리 모두의 기쁨이 될 것이다.

"우리가 지금은 거울로 보는 것 같이 희미하나 그 때에는 얼굴과 얼굴을 대하여 볼 것이요 지금은 내가 부분적으로 아나 그 때에는 주께서 나를 아신 것 같이 내가 온전히 알리라"(고린도전서 13:12).

인간은 자기 인생의
주체일까 객체일까?

자유의지를 통한 자기 선택

인간은 누구나 각자의 자유의지를 통해 자기 인생의 주체가 되려 하고, 또 될 수 있다고 생각한다. 그러나 이러한 자기 선택에도 불구하고 미래는 누구에게나 불확실하다. 그 이유는 무엇보다 각자가 처한 현재의 상황에 대한 모든 정보를 정확히 다 아는 것이 불가능하기 때문이다. 이러한 근본적인 한계를 잘 설명해주는 것이 물리학의 기본원리 중 하나인 하이젠베르크(W. Heisenberg)의 불확정성 원리(Uncertainty Principle)이다.

뉴턴이 정립한 고전 이론에 의하면 거시적인 물체의 운동 상태에 대한 정보들을 동시에 정확히 얻는 것이 가능하다. 예를 들어 사과를 일정한 높이에서 떨어뜨릴 경우, 몇 초 후 그 사과의 위치와 속도를 동시에 정확히 측정할 수 있을 뿐 아니라 그 이후의 운동 상태에 대해서도 예측이 가능하다. 이러한 뉴턴 이론은 우리 주변의 거시 물체의 운동에 대해서는 잘 맞지만, 미시 세계의 작은 입자에 대해서는 제대로 설명을 못하기에 20세기 초 양자론이 새롭게 등장하게 되었다(참고로 양자론의 입장에서 보면 고전 이론은 하나의 근사적인 법칙이지만, 실제 거시적인 현실 상황에 적용하는 데에는 매우 유용한 법칙이라고 할 수 있다). 이 양자론의 핵심인 불확정성 원리에 의하면 미세한 크기의 입자들의 위치와 속도에 관한 정보를 동시에 정확히 측정할 수 없다. 각 입자의 위치와 속도는 그중 어느 하나를 정확히 알수록 다른 것에 대한 정보의 불확정성이 커지기 때문이다. 결국 현재 상태에 대한 모든 정보를 정확히 안다는 것은 원리적으로 불가능하며, 결과적으로 미래에 대한 확실한 예측도 어렵게 된다.

그러나 설사 현재에 대한 모든 정보들을 다 알 수 있다고 해도 여전히 미래를 정확히 예측하기는 힘들다. 예컨대 모든 정보가 주어진 동일한 외적 환경이라 할지라도 사람들이 각각 어떤 행동을 취할지는 전혀 예측하기 어렵다. 같은 상황에서도 각자의 생각과 반응이 서로 다를 수 있고 늘 변하기 때문이다. 그렇지만 모든 피조물 중에서 인간은 유일하게 자기 선택을 통해 자기 발전을 이루도록 지음 받은 존재이기도 하다(창세기 1:28). 본능으로만 움직이는 동물과 달리, 사람은 대개 주위 상황을 분석하고 자기 발전을 이루는 방향으로 판단하고, 자유의지에 따라 몸을 움직인다. 따라서 동일한 상황에서도 사람의 영이 각각 다르고 그에 따라 생각이 달라지기 때문에 결과적으로 행동도 다르게 나타난다. 이렇게 예기치 않은 행동들이 합쳐진 것이 인생이기에, 결국 인생은 사주팔자와 같은 운명에 의해 예정된 것이 아니라 매 순간, 매 사건마다 자기가 선택한 것에 의해 결정되는 것이다. 예컨대 바둑의 경우 가로 세로 19줄로 이루어진 총 361개의 점 위에 바둑돌을 놓는 선택을 하게 된다. 따라서 바둑판에 매번 돌을 놓아 하나의 바둑이 될 수 있는 총 경우의 수는 $361! (= 361 \times 360 \times 359 \times .... 3 \times 2 \times 1)$인데 이 값은 우주 안에 들어 있는 모든 입자의 갯수를 다 합한 것보다 훨씬 크다. 그러니 하나의 바둑을 미리 예측한다는 것은 불가능하며, 그때그때마다 최선의 판단과 선택을 할 수밖에 없다. 인생도 마찬가지인데 성경은 이러한 인생의 원리를 "사람이 무엇으로 심든지 그대로 거두리라"(갈라디아서 6:7)라고 가르친다.

자기중심적인 인간

그런데 문제는 자기 발전을 위해 선택을 하는 과정에서 인간은 늘 제한된 생각에 따라 자기중심적으로 판단하고 움직인다는 사실이다. 그리고 그렇게 하면 잘 될 것이라고 기대하지만, 사실은 그 반대인 경우가 많다. 왜냐하면 각자에게 주어진 주위 상황에 대해 정확히 아는 것이 불가능하기 때문이다. 더욱이 나와 전혀 상관없어 보이는 주변 환경, 특히 나와 무관하게 보이는 내 이웃이 내 인생의 미래와 밀접하게 연관되어 있기 때문에 더욱 그러하다. 결과적으로 내가 의도하지 않은 결과를 얻기도 하고, 예기치 않은 불의의 사고가 생기기도 한다. 예컨대 내가 차선을 잘 유지하고 규정 속도로 운전을 하더라도 나와 상관없는 다른 차가 내 차를 들이받을 수도 있는 것이다. 그렇기에 인생은 나 혼자 아무리 열심히 잘 하려고 노력해도 결국 자기 의도대로만 될 수는 없다.

내 눈에 좋은 대로, 내 생각에 옳은 대로만 판단하고 움직이는 선악과의 인생으로는 이 땅에서 계속 미래에 대한 불안과 두려움을 느낄 수밖에 없다. 그러나 우리의 인생을 선하게 인도하시는 하나님은 우리에게 매 순간 그분의 사랑을 부어주심으로써 우리로 하여금 사랑으로 심게 하고 사랑으로 거두신다. 우리도 이러한 하나님의 큰 사랑에 힘입어 '나'와 상관없어 보이는 '너'를 향해 각자의 자유의지로 자기선택을 해나가면서 '나'의 문제를 해결하자. 이것이 바로 성경의 가르침이다. 그러면 '나'를 벗어난 '우리'가 만들어지게 되어 이 세상에서도 천국의 평안함과 충만함을 미리 맛볼 수 있게 된다.

오직 창조주 하나님만이 우주만물의 모든 상황에 대한 모든 정보를 완전히 다 알고 있는 전지전능의 절대자이시다("사람의 일을 사람의 속에 있는 영 외에 누가 알리요 이와 같이 하나님의 일도 하나님의 영 외에는 아무도 알지 못하느니라", 고린도전서 2:11). 따라서 인간은 각자의 불완전한 생각과 판단에 따라 심고 거두는 삶, 겉으로만 주체적인 것처럼 보이는 삶을 살 것이 아니라, 창조주 하나님을 절대적으로 의지하며 그분이 공급하는 성령의 생각과 사랑으로 객체적인 삶을 살아야 한다. 그것이 이 불확성의 물질세계와 급변하는 현 시대를 당당히 뚫고 나아갈 수 있는 유일한 살 길일 것이다.

"소망이 우리를 부끄럽게 하지 아니함은 우리에게 주신 성령으로 말미암아 하나님의 사랑이 우리 마음에 부은 바 됨이니"(로마서 5:5).

인간과 동물의 차이는 무엇일까?

인간은 하나님의 영(사랑)을 담는 그릇

인간과 동물 사이에는 근본적으로 어떠한 차이가 있을까? 창세기 2장 7절에 보면 하나님께서 땅의 흙으로 사람을 지으셨다고 말씀하고 이어 19절에는 하나님이 흙으로 각종 들짐승과 공중의 각종 새를 지으셨다고 기록되어 있다. 이 말씀들에 의하면 동일하게 땅의 흙으로 이루어진 사람과 동물은 별반 차이가 없는 듯하다.

과학적인 관점에서도 사람과 동물은 발달 정도의 차이가 있을 뿐, 서로 유사한 점이 많다고 보는 것이 일반적이다. 특히, 인간의 질병 치료를 위한 동물 임상실험 및 동물 장기의 인체 이식 등은 인간과 동물의 생물학적 유사성을 더욱 뒷받침한다. 즉 사람과 동물은 함께 흙에 속한 존재, 땅에 속한 피조물로 분류하는 것이 과학적인 이해다.

그러나 성경은 비록 인간이 동물과 같이 땅의 흙으로 지음을 받았을지라도 인간을 땅에 속한 자가 아니라 하늘, 곧 하나님께 속한 자로 분류한다. 이 사실은 하나님이 자기 형상, 곧 하나님의 형상대로 사람을 창조하셨음을 선포하는 창세기 1장 27절의 말씀에서 분명해진다. 여기에서 '하나님의 형상'이라는 표현은 인간을 동물과 달리 하나님께 속한 자로 구별하는 중요한 기준이다.

그렇다면 하나님의 형상이란 무슨 의미일까? 형상(image)이라는 단어에는 닮았다는 뜻이 있다. 예컨대, 겨울에 사용하는 장갑은 손의 형상을 하고 있다. 장갑이 손의 모양을 닮았고, 그래서 장갑을 통해 손의 모양을 알 수 있기 때문이다.

한편 장갑이 손의 형상이라고 말할 때는 장갑이 손을 닮았다는 뜻 이외에 또 다른 중요한 의미가 담겨 있다. 그것은 장갑 안에 손이 들어갈 자리가 있다는 것이다. 따라서 인간이 '하나님의 형상'이라는 표현에는 인간은 영이신 하나님을 닮은 영적인 피조물이라는 의미와 더불어 모든 인간 안에는 하나님이 들어올 공간이 있다는 뜻이 담겨 있다. 모든 인간에게는 하나님이 임재하실 수 있는 '속', 곧 영적 공간인 '안의 세계'가 있는 것이다. 이것이 인간과 동물의 근본적인 차이다.

안의 세계를 지닌 인간

　　　　　　　　　　　우리는 사람에게 이러한 안의 세계가 존재한다는 것을 이미 알고 있으며, 이것은 '열 길 물 속은 알아도 한 길 사람 속은 모른다'라는 속담을 보아도 잘 알 수 있다. 또, 우리는 종종 '어떤 사람이 마음에 든다'라는 표현을 사용하는데, 이는 '그 사람이 내 마음 안에 들어온다'라는 의미이다. '누군가를 내 마음 속에 품는다'라고도 말하는데, 이는 '그 사람이 내 속에 거한다'는 의미이다. 이러한 표현들은 모두 누군가를 담을 수 있는 '안의 세계'가 사람에게 존재함을 의미한다.

　그러므로 사람과 동물의 근본적인 차이는 한마디로 인간에게는 '안의 세계'가 있다는 것이다. 인간의 몸 안에는 동물처럼 내장기관만 있는 것이 아니라 눈에 보이지 않는 세계가 있다. 물론 그것은 의식, 정신, 영적인 세계이다. 그래서 사람은 모든 피조물 중에 유일하게 보이지 않는 속과 보이는 겉모습을 함께 가지고 있다. 그러나 동물에게는 이처럼 겉과 속의 두 가지 모습이 존재하지 않고 오직 물질적인 겉의 세계만 존재한다. 예컨대 사람은 속사람과 겉사람이 존재하지만 돼지에게는 속돼지는 없고 오직 겉돼지만 있는 것이다.

　이와 관련하여 고린도후서 4장 7절은 다음과 같이 말한다. "우리가 이 보배를 질그릇에 가졌으니 이는 심히 큰 능력은 하나님께 있고 우리에게 있지 아니함을 알게 하려 함이라".

　여기서 질그릇인 인간의 몸 안에 담긴 이 보배는 과연 무엇일까? 다름이 아니라 인간 안에 영으로 임하시는 하나님, 성령을 의미한다. 그런데 이러한 하나님의 임재는 질그릇의 색깔과는 무관하다. 백인, 흑인, 황인 등 피부색이나 인종에 상관없이 누구에게나 안에 하나님이 찾아오실 공간이 있다. 그릇의 모양이나 크기도 상관없다. 키 큰 사람이나 작은 사람, 건강한 사람이나 아픈 사람, 잘난 사람이나 못난 사람 등 그릇의 겉모습과는 상관없이 성령은 동일하게 임한다. 하나님의 사랑에는 차별이 없는 것이다. 따라서 인간의 공로나 환경과는 무관하게 하나님은 누구에게나 그 안에 임하실 수 있다. 하나님의 사랑을 거부하지만 않는다면 말이다.

> "그러나 그날 후에 내가 이스라엘 집과 맺을 언약은 이러하니 곧 내가 나의 법을 그들의 속에 두며 그들의 마음에 기록하여 나는 그들의 하나님이 되고 그들은 내 백성이 될 것이라 여호와의 말씀이니라"(예레미야 31:33).

인간의 몸(흙)의
영적 의미는 무엇일까?

지성소인 인간 안에 운행하시는 하나님의 영

제2부와 제3부의 앞부분에서 땅의 본질은 공허와 혼돈과 흑암과 깊음이라는 것을 다루었다. 하나님은 우주 만물의 창조를 통해 이러한 땅의 문제, 즉 흙의 문제를 해결하셨지만, 유일하게 그 땅의 잔재가 남아 있는 곳이 있다. 그것은 다름 아닌 바로 인간의 몸을 이루는 흙이다.

시공간 내에 유한한 몸을 갖고 땅에서 살아가는 인간은 누구나 땅의 본질인 공허와 흑암을 느끼게 된다. 그러나 하나님은 그 인간의 내면에 존재하는 땅의 문제를 처리하기 위해 인간의 흙 속에 직접 성령으로 임재하신다. 그리고 이것은 인간 각자의 인생에서 가장 중요한 천지개벽 사건이 된다. 이러한 성령의 임재는 마치 영적인 탯

줄이 모체에 연결되는 것과 같아서, 이를 통해 하늘의 생명력이 부어지고 깊이 잠든 인간의 영이 살아나게 된다. 그리고 하나님은 지금도 인간 '안'에 영원한 사랑과 생명과 빛으로 찾아와 임재하시며 인간의 근본적인 땅의 문제를 해결하고 계신다.

창조의 종착역인 인간의 몸

그래서 인간의 몸은 삼위일체 하나님의 창조의 종착역이라 할 수 있다. 우주 만물을 창조하고 예수님의 성육신으로 끝난 것이 아니다. 사실 하나님 창조의 마지막 목표는 바로 질그릇 같은 인간의 몸 안에 찾아오시는 것이다. 그 안에 성령으로 임하시기 위해 첫 번째와 두 번째의 천지개벽 사건이 미리 필요하셨던 것이다.

즉, 오래전에 하늘과 땅을 말씀으로 창조하셨고, 인간의 죄로 막혀 있는 하늘과 땅을 연결하는 길을 열기 위해 말씀이신 예수님이 이 땅에 오셨다. 그리고 이제 하나님이 성령으로 각자 안에 임하셔서 그 영혼을 살리고, 인간 내면의 어둠과 공허에 빛을 비추어주신다. 나아가 내재하시는 성령의 도움으로 우리가 하나님으로부터 오는 것을 잘 받고, 그 받은 것을 이웃과 잘 나누는 자로 살기를 원하신다.

요컨대 복음의 전반부는 하나님께서 각자의 인생을 위해 예비하신 것을 모두 와서 공짜로 다 받으라는 것이다. 그리고 받는 것으로 멈추지 말고 공짜로 받은 그것을 이웃에게 잘 전달하라는 것이 바로

복음의 후반부이다. 이처럼 하나님은 십자가로 온전한 사랑을 이루고 율법을 완성하신 예수님의 삶을 우리가 이 땅에서 미리 연습하게 하신다. 결국 천지창조의 궁극적인 목적은 주님과 같은 창조의 삶을 살게 하려고 인간 각자의 질그릇 안에 성령으로 찾아오시는 것이다. 그러므로 인간의 몸은 창조의 종착역이자 새 창조의 출발점이라 할 수 있다.

영으로 임하시는 하나님

하나님은 성령으로 인간 안에 임하신다. 인간의 몸은 하나님이 성령으로 임하시는 임재의 현장이다. 주위는 깊은 어둠이더라도 하나님 성전 안의 지성소는 하나님의 영광과 임재가 가득찬 곳이다. 따라서 인간의 몸은 하나님의 성전, 특히 하나님의 지성소라고 할 수 있다. 하나님의 영이 성전 내의 어두운 지성소 안에서 운행하시듯 성령은 인간의 몸 안에 임재하고 운행하시는 것이다(창세기 1:2 후반부 참조).

이런 사실을 고린도전서 6장 19절은 "너희 몸은 너희가 하나님께로부터 받은 바 너희 가운데 계신 성령의 전인 줄을 알지 못하느냐 너희는 너희 자신의 것이 아니라"고 말씀한다. 첫째와 둘째 천지개벽 사건은 우리와는 전혀 다른 시공간에서 이루어졌지만, 이 마지막 셋째 사건은 우리 각자의 인생 가운데서 이루어진다. 그래서 인간은 그 안에 임하신 하나님을 직접 경험할 수 있게 된다. "태초부터 있는 생명의 말씀에 관하여는 우리가 들은 바요 눈으로 본 바요 자세히 보고 우리의 손으로 만진 바라"(요한1서 1:1).

　그런데 사람의 내면 안에는 아무나 들어오는 것이 아니라 오직 사랑하는 사람만 들어오게 된다. 스쳐 지나가거나 업무적으로 만나는 사람이 아니라 가족이나 친구, 연인과 같이 오직 사랑으로 연결된 인격체만 그 안에 임하고 거할 수 있다.

　아버지 하나님의 사랑을 받고 그 사랑을 되돌려 드림으로써 아버지를 온전히 사랑한 예수님도 그러하셨다("오직 내가 아버지를 사랑하는 것과 아버지께서 명하신 대로 행하는 것을 세상이 알게 하려 함이로라", 요한복음 14:31). 그 결과 하나님과 예수님은, 아버지와 아들로서 사랑 안에서 서로 하나가 된 것이다("내가 아버지 안에 거하고 아버지는 내 안에 계신 것을 네가 믿지 아니하느냐", 요한복음 14:10). 그렇기에 사람의 안의 세계는 사랑의 세계이기도 하다. 이것이 바로 인간의 몸(흙)이 갖는 영적 의미이다.

성령으로 거하시는 하나님

　　　　　　한편 안의 세계는 본질적으로 '영의 세계'이다. 눈으로 보거나 만질 수는 없지만 분명히 사람의 의식과 감정과 행동 등 그 사람의 인격을 좌우하는 영(靈, Spirit)이 임재하는 실체적인 공간이다. 사람의 안에는 그 사람과 사랑으로 연결된 사람이 영으로 임할 수 있는 것이다.

하나님은 사랑이시다("하나님이 우리를 사랑하시는 사랑을 우리가 알고 믿었노니 하나님은 사랑이시라 사랑 안에 거하는 자는 하나님 안에 거하고 하나님도 그의 안에 거하시느니라", 요한1서 4:16), 그리고 하나님은 영이시다("하나님은 영이시니 예배하는 자가 영과 진리로 예배할지니라", 요한복음 4:24). 따라서 하나님께서는 사랑의 세계인 인간의 안에 성령으로 임하여 거하시고 운행하실 수 있는 것이다. 다음의 성경 말씀은 이 사실을 더욱 분명하게 확인해준다.

> "그(하나님)의 성령을 우리에게 주시므로 우리가 그 안에 거하
> 고 그가 우리 안에 거하시는 줄을 아느니라"(요한1서 4:13).

결국 하나님이 사람을 창조하신 궁극적인 목적은 하나님의 형상으로 지으신 인간 안에 하나님의 사랑, 곧 그분의 영으로 임재하시려는 것이다. 곧 창세 전에 그리스도 안에서 사랑의 상대로 삼으신 인간 안에 사랑과 영으로 임하길 원하시는 것이다("곧 창세 전에 그리스도 안에서 우리를 택하사 우리로 사랑 안에서 그 앞에 거룩하고 흠이 없게 하시려고", 에베소서 1:4).

하나님께서는 모든 인간 안에 찾아오시기 위해 친히 그분의 사랑과 영을 가진 사람의 모양으로, 즉 예수님으로 이 땅에 오셨다. 예수님은 하나님의 사랑으로 모든 인류의 허물을 대속하는 십자가를 짐으로써 인간의 구원을 이루셨다. 이미 2천 년 전에 우리 각자를 향한 예수님의 이러한 사랑이 있었기에, 이제 누구에게나 그 안에 예수의

영, 곧 하나님의 영, 성령이 임할 수 있는 길이 열려 있다. 예수님의 사랑에 응답하여 굳게 닫힌 마음을 열기만 하면 말이다.

만일 예수님께서 십자가의 사랑 없이 단지 구원받을 수 있는 진리만을 인간에게 던져주셨다면 어떻게 됐을까? 그것은 훌륭한 교리는 될 수 있었겠지만, 예수님께서 사람들 각자 안에 영으로 임하실 수는 없었을 것이다. 다른 종교들도 부분적으로 진리에 대해 이야기하지만, 거기에는 인격적인 하나님의 사랑이 빠져 있으므로 인간에게 온전한 구원을 주기는 어렵다.

에덴동산에서의 불순종 사건 이후 모든 인간에게는 하나님과 더이상 사랑으로 연결되지 못하는 영적인 단절이 일어났다. 그 결과 사람은 영으로 살지 못하고, 영이 막혀 하나님과 교통하지 못하는 존재가 되었다. 보이지 않는 하늘은 없다고 생각하고 그저 땅만 상대하고 살아온 것이다. 그러나 예수님을 통해 나타난 하나님의 사랑과 영을 각자의 내면 안에 믿음으로 받아들이면 각자의 영이 살아나고, 날마다 성령과 교통하며 예수님을 깊이 알아가고, 그분을 더욱 닮아가게 된다. 나아가 예수님이 행하신 대로 하나님과 이웃을 하나님의 사랑으로 섬길 수 있도록 자라게 되는 것이다("어느 때나 하나님을 본 사람이 없으되 만일 우리가 서로 사랑하면 하나님이 우리 안에 거하시고 그의 사랑이 우리 안에 온전히 이루어지느니라", 요한1서 4:12).

하나님은 인간의 몸을 하나님의 거룩한 성전, 지성소로 삼으시고 그 안에 영으로 찾아오신다. 그리고 우리가 하나님의 새 창조의 역사에 동참하도록 우리 안에 임하여 운행하신다.

"또 새 영을 너희 속에 두고 새 마음을 너희에게 주되 너희
육신에서 굳은 마음을 제거하고 부드러운 마음을 줄 것이며
또 내 영을 너희 속에 두어 너희로 내 율례를 행하게 하리니
너희가 내 규례를 지켜 행할지라"(에스겔 36:26-27).

땅에서도 하늘에 속한 자로
살 수 있을까?

시공간을 넘어선 창조주와의 동행

앞에서 하나님의 형상으로 지음 받은 모든 인간에게는 안의 세계가 있음을 이야기했다. 그리고 이 안의 세계는 오직 사랑이 거하는 사랑의 세계이자 보이지 않는 영적 세계임을 설명하였다. 이제 한 걸음 더 나아가 하나님께서 만들어주신 안의 세계를 통해 어떻게 사람이 온전한 구원을 얻고, 하나님의 거룩한 형상과 예수님의 사랑의 인격을 닮아가게 되는지를 생각해보자.

요한복음 15장 5절에서 예수님은 "그가 내 안에, 내가 그 안에 거하면 사람이 열매를 많이 맺나니"라고 말씀하셨다. 주님은 이 말씀에서 성도의 열매 맺는 삶을 위해서 필요한 두 가지 요소를 알려주신다. 그것은 '주님이 내 안에'와 '내가 주님 안에'이다. 그런데 이 두 요소는 사람 내면에 있는 안의 세계를 통해 새롭게 이해할 수 있다. 특히, 이 두 요소가 '믿음과 행위(삶)' 그리고 '칭의와 성화'라는 구원의 두 주제와 서로 뗄 수 없는 밀접한 관계가 있음을 알게 된다.

사람의 안의 세계는 사랑의 세계다. 그래서 사람의 안에는 사랑으로 연결된 사람이, 그리고 사랑을 전달해준 사람이 머무르게 된다. 예컨대 어린 아기는 부모의 사랑, 특히 엄마의 사랑으로 가득 차 있다. 아기가 엄마의 사랑을 느끼는 것은 태어나기 전부터 시작된 아기를 향한 엄마의 사랑, 즉 사랑으로 행한 엄마의 모든 움직임(창조 법칙의 '에너지' 단계에 해당함)이 아기에게 지속적으로 전달되고 채워졌기 때문이다. 이러한 부모의 사랑의 움직임을 통해 아기 안에 부모의 사랑이 임하게 되고, 아기는 자라면서 자기 안에서 그 사랑을 느끼게 된다.

따라서 어떤 사람 안에 사랑으로 임재하기 위해서는 단순히 말로만 사랑하는 차원을 넘어서 그 사람을 향한 사랑의 행동, 즉 몸의 움직임이 반드시 뒤따라야 한다. 참고로 헬라적인 사랑은 생각을 포함하는 지적인 차원으로 정적인 것이지만, 히브리적인 사랑은 감정의 차원을 넘어서 실제로 움직이는 동적인 행동을 의미한다. 물론 이 두 가지는 온전한 인격, 즉 지정의(知情意, cognition-emotion-behavior)의 일부분들이다. 이 두 모습이 인간의 인격 안에서 하나로 합쳐질 때 하나님의 완전한 사랑을 닮아가게 된다.

이에 비추어 첫 번째 요소인 '주님이 내 안에'를 살펴보자. '주님이 내 안에' 거하시는 것도 내가 태어나기 이전부터 나를 향하여 그 몸으로 이루신 십자가의 높고 깊고 넓은 영원한 사랑이 있었기에 가능한 일이다(에베소서 1:4). 따라서 '주님이 내 안에'라는 것은 단순히 이론적인 교리나 일시적인 감정의 문제가 아니라 실제로 이러한 사랑의 주님이 성령으로 내 안에 임하시는 영적 사건을 말한다. 이것은 사람의 안의 세계가 영의 세계이기 때문에 가능하다. 그래서 예수님의 사랑을 믿음으로 받아들이는 모든 사람 안에 예수님의 영, 곧 성령이 임재하게 되는 것이다. 그리고 생명이신 성령은 원죄로 인해 하나님과의 영적 소통이 단절된 인간이 하나님을 의식하고 느낄 수 있도록 그 영에게 생명과 사랑을 주신다(영의 구원).

이렇게 예수님을 통한 하나님의 무조건적인 사랑을 믿는 모든 사람에게 은혜로 주어지는 영의 구원을 칭의(justification)의 구원, 또는 간단히 구원이라고 말할 수 있다. 요컨대 '믿음'으로 얻는 영의 구원, 즉 칭의의 구원은 오직 우리를 먼저 사랑하신 예수님의 십자가 사랑을 내 안에 받아들일 때 '주님이 내 안에' 거하게 됨으로써 이루어진다.

그런데 어떤 이들은 분명히 '주님이 내 안에' 거하시는 엄청난 구원에도 불구하고 여전히 자기가 그동안 살아온 방식과 생각대로 변화 없이 살아가기도 한다. 예수님을 믿는다는 것 외에는 전혀 삶과 행동이 달라지지 않아서 때론 갈등과 좌절을 느끼는 경우도 있다. 결국 스스로 "나는 이미 구원을 얻었으니 괜찮아"라고 타협하며 자위하고 방종하거나, 아니면 뭔가를 해야 한다는 강박관념 때문에 율법주의의 짐에 눌려 자유가 없는 신앙생활로 나아갈 수도 있다. 이는 '주님이 내 안에' 거하시는 것이 절반의 복음일 뿐이며, 영적 구원의 시작이지 끝이 아니기 때문이다. 그래서 예수님은 또한 '내가 주님 안에' 거해야 한다고 말씀하셨다.

그렇다면 나는 어떻게 주님 안에 거할 수 있을까?

위에서 언급한 영적 원리에 그 답이 있다. 내가 주님 안에 거하기 위해서는 내 몸의 움직임이 주님을 향해야 한다. 나의 몸과 행동이 '이미 내 안에 거하시는 주님'의 말씀을 따라 움직여야 하는 것이다 ("내가 아버지의 계명을 지켜 그의 사랑 안에 거하는 것 같이 너희도 내 계명을 지키면 내 사랑 안에 거하리라", 요한복음 15:10).

그렇게 행하는 만큼 '내가 주님 안에' 거하게 된다. 단순히 주님께 사랑한다고 고백하고 감격하는 것만으로는 부족하다. 이는 마치 자식이 부모의 말을 잘 따를 때 부모의 마음이 기쁨으로 가득 채워지게 되는 것과 같다. 아무리 자식이라도 부모의 말을 계속 거역하고 사고만 친다면 그 자식은 부모의 마음으로부터 자연히 멀어지게 된다. 영적인 분리가 일어나는 것이다.

문제는 내 몸을 예수님의 말씀에 순종하고 움직여 '내가 주님 안에' 거하는 것도 결코 내 힘이나 의지만으로는 불가능하다는 것이다. 이미 우리 안에 거하시는 성령께서 하나님의 사랑을 우리의 영에 계속 부어주실 때 우리는 그 사랑을 의식할 수 있으며, 그 사랑을 따라 우리 몸을 움직일 때 내가 주님 안에 거하는 것이 가능해진다("소망이 우리를 부끄럽게 하지 아니함은 우리에게 주신 성령으로 말미암아 하나님의 사랑이 우리 마음에 부은 바 됨이니", 로마서 5:5).

이렇게 내 안에 부어지는 하나님의 사랑을 따라 나의 생각(지)과 감정(정)을 점차 내려놓음으로써, 나의 행동(의; 몸의 움직임)과 삶이 달라지고 변화되는 과정이야말로 '성화(sanctification)'의 구원이라 할 수 있다. 그렇기에 믿음으로 말미암아 성령이 임하는 칭의의 구원과 달리, 성화는 내 안에 거하시는 성령의 인도로 일평생 각자가 이루어 가야 할 인격 변화의 과정이다("너희 안에서 행하시는 이는 하나님이시니 자기의 기쁘신 뜻을 위하여 너희에게 소원을 두고 행하게 하시나니", 빌립보서 2:13). 즉 주님이 내 안에 거하시는 것으로 만족하는 것이 아니라, 이제 그 사랑을 따라 내가 주님 안에 머무르는 데까지 나아가는 과정인 것이다 ("그의 성령을 우리에게 주시므로 우리가 그 안에 거하고 그가 우리 안에 거하시는 줄을 아느니라", 요한1서 4:13).

창조주와의 동행을 통한 성화의 구원

내 안에 임하시는 창조주와의 영적, 인격적 동행으로 말미암아 우리는 이 땅에 살면서도 시공간을 초월하여 하늘에 속한 자로 살 수 있다. 이것이 삼위일체 하나님이 우주 만물의 창조를 통해 궁극적으로 이루기를 계획한 목적이 아닐까 한다.

이 과정에서 중요한 사실은 주님이 나를 위해 '주님의 십자가'를 지셨음을 믿고 '주님이 내 안에' 거하시는 칭의의 구원을 얻음과 같이,

내 안의 성령의 도움으로 내가 주님과 이웃을 위해 '나'를 내려놓는 '나의 십자가'를 짐으로써 '내가 주님 안에' 거하게 되는 성화의 구원을 이루게 된다는 것이다. 이와 같이 오직 십자가와 성령을 통한 이 두 요소의 성취를 통해 우리는 온전한 하나님의 구원을 얻을 수 있으며, 예수님의 약속처럼 자연스럽게 열매 맺는 풍성한 삶을 살게 된다. 이러한 내용은 사도 바울의 신앙고백인 갈라디아서 2장 20절에서도 볼 수 있는데, 이 구절의 전반부는 "주님이 내 안에"이고 후반부는 "내가 주님 안에"이다.

> "내가 그리스도와 함께 십자가에 못 박혔나니 그런즉 이제는 내가 사는 것이 아니요 오직 내 안에 그리스도께서 사시는 것이라 이제 내가 육체 가운데 사는 것은 나를 사랑하사 나를 위하여 자기 자신을 버리신 하나님의 아들을 믿는 믿음 안에서 사는 것이라"(갈라디아서 2:20).

창조를 위해 내 안에
무엇을 비우고 채워야 할까?

'나'는 누구인가?

나는 누구인가? 이는 쉽게 대답하기 어려운 질문이다. 그러나 한 가지 분명한 사실은 사람은 누구나 '나 자신'을 의식한다는 것이다. 그리고 이러한 의식은 오직 사람만이 가지는 독특한 영적 현상이다. 사람과 동일하게 흙으로 만들어진 동물은 몸의 오감을 따라 본능으로만 살지만, 사람은 몸으로 느끼는 감각에 자신의 생각이나 감정을 덧붙여 동물에게는 없는 특이한 '자의식'을 가지고 살아간다.

사람이 자신을 의식하는 것은 일견 자연스러운 성장 과정이다. 일반적으로 아기는 먼저 부모를 통해 사랑과 관심을 받음으로써 본능적으로 '나'를 의식하게 된다. 또 두세 살이 되면서부터는 어느새 '내 것'을 주장하기 시작한다. 그러나 만일 아이가 계속 자신만을 의식하고 주장한다면 장차 사회생활을 제대로 할 수 없을 것이다. 다행히도 아이들은 주로 부모의 헌신적인 도움과 인내를 통해 자기중심적인 의식에서 점차 벗어나 타인을 의식하고 배려하게 된다.

한편 성경은 사람의 본능적인 자기 의식의 근원이 세상의 영, 즉 사탄으로부터 왔다고 말한다. 특히 이사야 14장 12절에서 두 번 나오는 '너'는 사탄을 지칭하는 것이므로, 이어지는 13-14절은 사탄의 입장에서 보면 "내가 내 마음에 이르기를 내가 하늘에 올라 하나님의 뭇 별 위에 내 자리를 높이리라 내가 북극 집회의 산 위에 앉으리라"라고 스스로의 자의식에 대해 고백하는 것이다. 여기에는 '나'라는 단어가 다섯 번 나오는데, 이는 사탄이 늘 '나'를 의식하고 '나'를 주장하게 만드는 영임을 뜻한다. 사탄은 자기 본질을 숨기고 대신 "나는 나다"라고 포장한 의식을 인간에게 불어넣어, 인간으로 하여금 매사 '나'라는 의식으로 몸을 움직이도록 만든다.

사실 "나는 나다"라는 말은 영어로는 "I am who I am"인데, 이는 하나님께서 모세에게 대답해주신 대로 "나는 스스로 있는 자다"라는 뜻이기도 하다(출애굽기 3:14). 오직 하나님만이 스스로 존재하며 홀로 영광과 예배를 받으시기에 합당하신 분인 것이다. 그러나 사탄은 하나님과 같이 높아지기를 원한다. 그래서 "나는 나다"라는 생각을 통해 인간으로 하여금 '나'라는 의식을 더욱 키우게 만들고, '나'에게 스스로 속게 만드는 것이다. 그 결과 '나'라는 의식에 갇힌 인간은 마귀와 같이 타락하고 하나님을 대적하게 되며, 결국 하나님과의 영적 관계가 단절된다. 요컨대, '나'를 생각하고, '나'를 느끼고, '나'를 선택하고 움직이게 하는 '나'라는 의식은 하나님과 대립하는 의식이다. 이처럼 '나' 의식은 인간 죄의 근원이며, 이렇게 '나' 의식으로만 살아가다 보면 자기도 모르게 하나님과 멀어지게 되고, 마침내 영적 죽음에 이르게 된다.

창세기 3장을 보면 뱀(사탄)이 하와에게 이러한 '나' 의식을 통해 원죄를 짓게 만든 것을 알 수 있다. 사탄은 창세기 3장의 대화를 통해 하와로 하여금 문득 "왜 하나님이 나에게 선악과를 먹지 말라고 하셨을까?"라는 질문을 하도록 유도한다. 그리고 이런 의문이 마치 자기 생각에서 나온 양 '나' 의식을 통해 하나님의 말씀에 대해 의심을 갖게 한다. 또한 그런 생각에 대해 "너희가 선악과를 먹는 날에는 너희 눈이 밝아져 하나님과 같이 되어(⋯)"(창세기 3:5)라고 말했다. 이 말을 들은 하와의 입장에서는 "내가 선악과를 먹는 날에는 내 눈이 밝아져 하나님과 같이 되어"라고 '나'를 의식하게 되는 것이다.

즉 하와가 '나'를 의식하게 되고 자신이 보고 느끼는 대로 선악을 판단하게 하는 선악과를 따 먹은 것은 근본적으로 사탄이 준 "나는 나다"라는 의식 때문이다. 내가 보기에 좋은 것이 좋은 것이고, 내 생각에 옳은 것이 실제로 옳은 것이며, 내 판단에 악한 것은 악한 것이라는, '나' 중심의 선악 판단이 바로 선악과 의식이다. 사탄은 교묘하게 "나는 나다"라는 선악과 의식이 마치 '나' 스스로의 생각인 양 사람들을 속인다. 그래서 결국 하나님을 중심에 두지 않고 '나'를 중심으로 선택하게 만든다. 결국 선악과 사건으로 표면화된 '나' 의식은 에덴동산 이후 모든 인간이 태생적으로 갖게 되는 근본적인 죄, 원죄라고 할 수 있다.

사탄은 예수님에게도 이러한 '나' 의식을 이용해 광야에서 세 번 시험하였다. 첫째 시험에서부터 사탄은 "네가 만일 하나님의 아들이어든 명하여 이 돌들로 떡덩이가 되게 하라"(마태복음 4:3)고 유혹했다. 이 말을 들으시는 예수님으로 하여금 "그렇지, 내가 하나님의 아들이지. 그러니 내가 돌을 떡으로 만들어 그 떡을 내가 먹자"라고 생각하도록 유도하려는 것이었다. 그러나 예수님은 '나'를 시인하라는 이러한 사탄의 선악과 의식을 하나님의 말씀으로 부인하고 물리치셨다. 즉, 예수님은 '나'라는 생각을 내려놓고 하나님의 말씀을 따라 순종하며 십자가로 사탄을 이긴 것이다. 첫째 아담은 선악과에 붙잡혀 '나'를 넘지 못하고 걸려 넘어졌지만, 둘째 아담이신 예수님은 십자가로 '나'를 벗어나셨다.

만일 예수님이 마귀의 의도대로 '나'라는 의식을 따라 살았다면 굳이 억울하게 십자가에서 돌아가시지 않았을 것이다. 물론 그랬다면 인간에게는 여전히 하늘이 막혀 있을 것이고, 흙에서 나서 흙으로 돌아가는 동물의 운명으로만 살고 있을 것이다. 결국 예수님은 스스로 모든 인간을 위해 '나'로부터 구원을 얻는 길, '나'에게서 자유롭게 해방되는 길이 되신 것이다.

십자가를 통해 '나'를 해결하기

　　　　　　　　　　　　　이를 통해 알 수 있듯 모든 죄의
근원인 선악과의 '나' 의식을 이기게 하는 것은 오직 십자가이다. 십
자가는 하나님이 보여주시는 구원의 능력이다("십자가의 도가 멸망하는
자들에게는 미련한 것이요 구원을 받는 우리에게는 하나님의 능력이라", 고린도전서
1:18). '나는 나다'라는 선악과 의식은 세상의 지혜이지만 '나는 없다'
라는 십자가 의식은 하나님의 지혜이고 구원의 능력인 것이다.

　결국 모든 인간이 나를 벗어나서 나로부터 해방될 수 있는 길은
자기수행이나 선행이 아니라, 오직 예수님과 같이 하나님 앞에서 성
령의 도움으로 나를 부인하여 내려놓는 십자가를 통해서만 가능하
다. 그런데 이것은 '나'를 몰래 숨긴 채 겉으로만 희생적인 노력이나
봉사 행위를 하는 것과는 다른 것이다. 다른 사람은 내 속을 볼 수
없지만 하나님은 내 안에 감춰진 그 '나'를 보신다. 그리고 어떤 행동
이 하나님으로부터 말미암은 것인지 아니면 '나'로부터 나온 것인지
를 분명히 구별하신다. 하나님은 '나'에게 속지 않으시는 것이다.

　사탄은 오늘날에도 여전히 '나'라는 의식을 이용하여 인간들을 속
인다. 나의 생각, 나의 감정, 나의 방법 등이 바로 나 자신이라는 착
각을 주어 자연히 그것을 따라 살도록 유혹하는 것이다. 그래서 나
를 많이 의식하고 나를 자주 느끼고 나를 위해 열심히 움직이는 사
람은, 신자이든 불신자이든 결국 마귀같이 '나' 밖에 모르는 사람이
될 수 있다. 그럴수록 더욱 하나님과 멀어지고 이웃들과도 부딪히게

되어 결국 '나'만 남는 지옥을 경험하게 된다.

본래 미움, 다툼, 욕심 등 죄 많고 악한 이 세상은 하나님이 만드신 것이 아니다. 사탄이 주는 '나'라는 의식을 따라 사람들이 '몸'을 움직여 만들어낸 자연적인 결과다.

사람은 '나'만을 시인하는 선악과의 삶이 아니라, 믿음으로 성령의 도움을 따라 '나'를 부인하는 십자가의 삶을 통해 온전한 구원에 이를 수 있다. 그러므로 더 이상 자신만을 내세우거나 합리화하지 말고, 예수님이 지신 십자가로 나를 부인하고 말씀과 성령으로 내 안을 가득 채워야 한다. 그럴 때에야 비로소 죽음으로 이끄는 '나' 의식에서 벗어나 생명으로 인도하는 예수님의 길로 나아갈 수 있다. 그리고 이것이 바로 하나님께서 인간에게 은혜로 주신 구원의 길이고, 성화의 과정이다. 보통 세상에서는 '나'를 보강하고 발전시키거나 내세우려 하지만 결국 그 '나'는 멸망의 길이고 구원을 방해할 뿐이라는 것을 기억하자. 다음 찬송가의 구절 같은 고백이 우리 심령 안에서 늘 울리길 바란다.

"예수로 나의 구주 삼고 성령과 피로써 거듭나니… 세상과 나는 간 곳 없고 구속한 주만 보이도다."

진정한 '너'인 주님을 채우기

하나님께서는 창세기 1장에서 창조하신 모든 피조물이 보시기에 '좋았더라'라고 반복한다. 그런데 여기서 '좋다'라는 말의 히브리 원어는 '토브(tov)'로, 이는 선하다는 의미이기도 하다. 그런데 이어지는 창세기 2장에는 하나님이 보시기에 '좋지 못한' 것이 등장하는데, 그것은 바로 아담이 홀로 독처하는 것이었다("여호와 하나님이 이르시대 사람이 혼자 사는 것이 좋지 아니하니 내가 그를 위하여 돕는 배필을 지으리라 하시니라", 창세기 2:18). 하나님께서는 최초로 좋지 못한 것을 말씀하시며 인간의 근본적인 독처의 문제를 지적하신다. 사람은 혼자 있으면 자기만 의식하고, 자기만 느끼고, 자기만을 위해 움직이게 되기 때문이다. 그러면 결국 마귀 의식인 '나' 의식에 사로잡히기 때문에, 하나님이 보시기에 독처는 선하지 않은 것이다.

그런데 같은 구절 후반부에는 사람의 독처와 그로 인한 '나'를 벗어나도록 하는 하나님의 방법이 나타나 있다. 그것은 바로 '돕는 배필', 즉 '너'의 존재이다. 하나님은 인간의 '나'의 문제를 '너'를 통해서 해결하도록 했다. 하나님께서 아담을 돕는 배필로 하와를 내신 이유는 아담이 심심할 때 커피나 타주고 대화를 나누라는 차원이 아니다. '나'의 문제는 결코 '나' 혼자서는 해결되지 않기 때문에 아담이 그러한 문제에서 벗어날 수 있도록 하와라는 배필과 그를 통한 사람에의 소속감을 주신 것이다.

사실 '나'라는 생각에 갇힌 사람이 자기의 생각을 더 많이 자가발전시켜서는 '나'를 벗어나지 못한다. 도리어 '나'를 벗어나도록 옆에서 사랑으로 도와야, 그를 통해 '너'라는 타인을 받아들이게 되며 자아를 벗어날 수 있고, 자유를 얻을 수 있게 된다. 그러므로 어떤 면에서는 혼자 있는 것이 편할지 모르지만(그래서 요즘 혼자 살거나 동거하려는 분들이 많은지도 모르겠지만), 아담과 하와는 서로를 돕는 배필의 역할을 통해서만 지옥 같은 각자의 '나'로부터 벗어날 수 있다.

하나님에의 소속감 찾기

'나'는 스스로를 객관적으로 볼 수도 없으며, 모든 것이 '나'와 결부되어 있으니 진정으로 자신으로부터 벗어나는 구원은 불가능하다. 물에 빠진 사람이 자신의 머리를 아무리 붙잡고 당겨도 물 밖으로 나올 수 없듯이, 스스로의 힘으로는 구원을 얻을 수 없다. 마치 모터를 돌려서 얻는 전기를 사용해서 다시 그 모터를 계속 돌릴 수 없는 것과 같은 이치다.

이러한 영적 원리에 비추어보면, 인생의 많은 문제는 다양한 사람들과 교류하며 자아를 벗어난 소속감을 가짐으로써 어느 정도 해결할 수 있다. 소속감을 지니게 되면 그 소속감을 통해 자의식을 넘어서고, 필요한 것을 공급받으며 그 안에서 보호도 받을 수 있다. 그러나 단순히 사람에의 소속감으로 자아를 이기는 것에는 한계가 있다. 먼저 이 영적 원리가 에덴동산에서의 원죄를 막기 위해 어떻게 적용될 수 있었을지 살펴보자.

어느 날 홀로 있었던 하와는 아담을 통해 선악과를 먹지 말라는 하나님의 명령을 알고 있었으면서도, 뱀의 말을 통해 들어온 '나' 의식에 사로잡혀 선악과를 따 먹었다. 이때 하와가 아담이라는 배필을 통해 소속감을 찾았다면 자기 생각 속에 문득 생긴 자의식을 이길 수도 있었을 것이다. 그런데 만약 하와가 아담에게 자기의 생각을 먼저 말하고 의견을 구했다면 아담은 어떻게 했을까? 아마도 하나님께 들은 말씀(하나님 의식)과 하와가 하는 말(사람 의식) 사이에서 고민했을 것이다. 그리고 어쩌면 아담은 하와에게 하나님의 말씀을 따라 먹지 말라고 하지 않고, '내 뼈 중의 뼈요 살 중의 살'인 사랑하는 하와의 말을 들었을지도 모른다.

이처럼 사람은 다른 사람으로 인해 얻는 소속감만으로는 결국 '나'의 문제를 해결하지 못하고 더 큰 문제에 봉착하게 될 수 있다. 즉 자기와 가까운 사람, 자기 가족이나 자기 교회만 생각하고 챙기는 인간적인 소속감만으로는 온전한 자아와 가정, 나아가 교회와 사회를 세우기 어렵다. 심지어 범죄 집단들도 자기들끼리는 끈끈한 소속감을 갖고 있지 않은가. 따라서 아담이 하와의 문제를 도와주려면 하와와 직결된 사람의 소속감보다 더 큰 소속감, 즉 하나님에의 소속감을 찾아야 한다. 그렇게 했다면 아마도 아담은 하와가 자기의 생각이 아니라 하나님의 말씀을 따라 선택하고 행동하도록 도와주게 되었을 것이다.

다시 말해, 하와는 자의식의 문제를 아담을 통한 사람의 소속감으로, 그리고 아담은 사람(하와)과의 소속감 문제를 하나님과의 더 높은 소속감을 통해서 해결해야 했다. 하와와 아담이 각자 더 높은 소속감을 찾았다면, 즉 하와는 아담을 찾고 아담은 하나님을 찾았더라면, 하와의 '나' 의식과 아담의 사람 의식이 모두 해결되고 죄의 근원을 끊을 수 있었을 것이다. 궁극적으로 '나'를 온전히 이기는 것은 사람과의 소속감을 넘어서는 더 높은 하나님과의 소속감이다.

제사장의 역할로 하나님에게 속하기

하나님께 속하게 되는 소속감은 어떤 것일까? 사실 에덴동산에서 아담은 죄를 저지른 하와도 살리고 하나님의 의로우신 뜻도 이룰 수 있었다. 그 방법은 바로 아담이 하와의 허물을 자신의 허물로 받아들여 대속하는 마음을 갖는 것이었다. 그리고 하나님 앞에 제사장의 모습으로 나아가 "하나님, 사랑하는 하와를 살려주시면 그 대신 제가 죽겠습니다"라고 대속의 십자가를 지는 것이었다.

그러나 아담은 그렇게 하지 못했고, 결국 둘째 아담이신 예수님이 오셔서 대속의 십자가를 짐으로써 모든 사람의 자의식과 소속감의 문제를 한꺼번에 해결해주셨다. 예수님은 우리의 죄와는 아무런 상관이 없지만, 우리가 죄로 인해 죽도록 내버려두지 않고 우리를 위해 십자가를 지고 하나님 앞에 대속의 죽음으로 나아가 우리를 의롭다 하시고 구원해주신 것이다. 아담에게 필요했던 것은 선악과의 판단의 지혜가 아니라 이러한 대속의 사랑에 근거한 제사장의 역할이었다. 그리고 이것이 하나님으로 인한 소속감이라 할 수 있다.

하나님은 아담에게 만물을 다스리는 왕의 직분과 하나님의 말씀을 받아 하와에게 전달해주는 선지자의 직분을 주었다. 그러나 아담은 하와의 허물을 덮어주고 대속하는 제사장의 직분은 행하지 못했던 것이다. 그래서 하나님께서는 아담과 하와에게 대속의 피의 제사를 통해 짐승의 가죽옷을 지어 입혀주셨다("여호와 하나님이 아담과 그의 아내를 위하여 가죽옷을 지어 입히시니라", 창세기 3:21).

한편 모든 인간을 진정으로 돕는 배필인 예수님은 대제사장으로 이 땅에 오셔서 그 직분을 완수하고, 구원받은 우리에게도 동일한 제사장의 직분을 맡겨주셨다. 하나님은 오늘날 세상의 모든 죄와 허물에 대하여 우리가 하나님의 소속감으로 대속의 십자가를 지기를 원하신다. 그래서 성도와 교회 안에 세상도 살리고 하나님의 의와 뜻도 이루는 제사장의 직분이 회복되기를 원하신다. 자기만을 생각하는 독처의 감정을 '너'라는 소속감으로 넘고, 가까운 이들만의 소속감을 하나님의 넓은 사랑의 소속감으로 넘어, 세상을 위해 대속의 십자가를 지고 복을 빌 수 있는 제사장이 되길 원하시는 것이다.

에덴동산은 죄로 무너져버렸다. 오늘날 다시 이 땅에 하나님의 나라가 세워지려면 무엇보다도 이러한 제사장의 직분이 회복되어야 할 것이다.

"그러나 너희는 택하신 족속이요 왕 같은 제사장들이요 거룩한 나라요 그의 소유가 된 백성이니 이는 너희를 어두운 데서 불러 내어 그의 기이한 빛에 들어가게 하신 이의 아름다운 덕을 선포하게 하려 하심이라"(베드로전서 2:9).

어떻게 내 안을
비우고 채울까?

'나'를 처리하는 회개

　　　　　　　　　　　　우주 만물을 창조하시고 인류 역
사를 주관하시는 하나님은 모든 일을 행하실 때 항상 시작과 과정과
결과를 모두 하나님의 말씀으로 이루어가신다. 그런데 에덴동산의
선악과 사건으로 인해 하나님 역사의 동역자인 인간에게는 하나님
을 대적하는 자의식이 끼어들게 되었다. 이후 인간은 하나님의 생각
(말씀)이냐 내 생각이냐의 사이에서 끊임없이 선택해야만 하는 존재
가 되었다. 그리고 불행하게도 하나님의 말씀에서 벗어나 자신의 생
각에 의지하는 자기중심적인 선택은 결국 인생의 많은 문제와 고통,
그리고 죽음을 가져왔다.

　　성경은 한마디로 이스라엘이 멸망한 원인도 하나님의 말씀을 거

부한 백성들이 자신의 생각에 빠져 있었기 때문이라고 말한다("땅이여 들으라 내가 이 백성에게 재앙을 내리리니 이것이 그들의 생각의 결과라 그들이 내 말을 듣지 아니하며 내 율법을 거절하였음이니라", 예레미야 6:19). 즉 사람의 삶과 죽음은 '하나님의 생각(말씀)'과 '내 생각' 사이에서 어떤 생각을 선택하여 움직이느냐에 달려 있다.

인생에서 특히 힘이 들거나 실수가 많은 시기는 아마도 자아가 강하고 항상 '내' 생각으로 결정하고 행동하는 때일 것이다. 그런데 그러한 어려움이나 실수를 해결하고 상황을 호전시키기 위해 생각을 많이 하고 고민한다고 해서 생각대로 된다는 보장은 없다. 이는 모든 세상 만물이 오직 하나님의 생각(말씀)으로 지어졌기 때문이다. 따라서 유일한 돌파구는 내 생각을 변화시키는 것뿐이다.

그렇다면 내 생각은 어떠한 방향으로 변화되어야 할까?

생각의 여러 단계와 변화

생각에는 여러 단계가 있다. 가장 낮은 단계의 '나의 생각', 그보다 높은 단계인 '타인(너)에 대한 생각', 그리고 가장 높은 단계의 '하나님의 생각'이 있다. '나의 생각'은 내가 나를 생각하는 생각으로서 이른바 자의식이다. 이것은 남에게 손해를 끼치는 의식이라고 할 수 있다. 반면 '너에 대한 생각'은 자신을 벗어나 다른 사람을 생각하는 사람의 의식이다. 이것은 소속감 또는 양심과도 이어지는데 자기가 손해를 볼 수도 있는 의식이다. 한편

'하나님의 생각'은 성령으로 인해 말씀을 따라 주어지는 의식이다. 이 것은 세상을 하나님의 것으로 충만하게 채우는 의식이다.

사람은 높은 단계의 생각을 통해 낮은 단계의 생각으로 인한 문제 들을 이겨내고 해결할 수 있다. 너의 생각(사람의 의식)을 통해 내 생각 (자의식)의 한계를 벗어날 수 있고, 하나님의 생각(성령의 의식)을 통해 사람의 의식으로 인한 부담에서 자유롭게 될 수 있다. 따라서 궁극 적으로 인간의 생각과 삶이 온전해지기 위해서는 개인의 자의식과 사람의 의식을 뛰어넘어 성령께서 부어주시는 하나님의 생각으로 변화하고 자라야 한다.

그렇다면 어떻게 내 생각이 변화할 수 있을까?

생각의 변화, 곧 마음의 변화는 단순히 교육이나 수련으로 얻어지 지 않는다. 얼마 전까지 마음 수련이 한창 인기를 끌었는데, 이것은 자기를 비우는 훈련을 통해 궁극적으로 인간도 신이 될 수 있다는 가르침으로, 진리라고 할 수 없다(이는 비성경적인 뉴에이지 운동과 밀접한 관련이 있으며, 근본적으로는 범신론적인 힌두이즘 철학에 근간을 두고 있다).

모든 것을 나로부터 시작하고, 나를 통해, 내가 이루겠다는 '내 생 각'의 본질은 내가 열심히 노력하여 내 마음을 변화시키고 구원을 이 루려는 생각이다. 그러나 앞에서 설명했듯 이는 결국 마귀에게 속는 거짓된 길일 뿐이다. 따라서 이는 하나님 앞에서 죄라 할 수 있다.

죄는 헬라어로 하마르티아, 히브리어로는 하타아트라고 하는데, 이는 쏜 화살(생각)이 과녁(하나님)을 빗나갔다는 것을 의미한다. 즉 하 나님 중심에서 벗어난 상태, 내가 중심이 된 영적 상태가 바로 죄인 것이다. 따라서 이러한 '내 생각'이 변화하려면 반드시 그동안 자신의 생각대로 살아온 죄를 회개해야 한다.

회개를 통한 거듭남

온전한 회개는 생각의 변화뿐 아니라 행동의 변화도 가져와 사람을 거듭나게 한다. 회개라는 단어는 헬라어 명사로 '메타노이아'이다. 메타는 '나중'이라는 뜻이고 노이아는 '생각'이란 뜻이다. 즉 회개는 '나중의 생각'이란 의미로, 처음과 달라진 나중의 생각, 높은 단계의 생각으로 방향이 전환되는 것을 뜻한다.

한편 히브리어로 회개는 '슈브'인데 이는 '돌아가다, 유턴하다'라는 뜻의 동사에서 파생된 단어이다. 즉, 돌이켜 하나님과 본래의 하나님 중심적 관계를 회복하는 것을 의미한다. 관념적이고 논리적인 헬라 사상은 생각(머리)의 변화를 강조하고, 히브리 사상은 실제적인 행동(몸)의 변화를 강조하는 것이다. 따라서 하나님 중심으로 생각과 행동이 변화하는 것은 모두 회개의 본질이고, 변화란 인격은 회개의 열매로 나타나게 된다.

회개가 이러한 변화를 가져오는 이유는 하나님께 죄를 자복하고 하나님의 하나님 되심을 인정하며 돌아서는 사람에게는 하나님께서 사죄의 은혜를 베풀고, 또한 기록된 하나님의 말씀을 계시해주기 때문이다. 길이요 진리요 생명이신 하나님의 말씀은 생명 길의 등불이 되어 각자의 생각을 하나님의 생각으로 변화하도록 유도해주신다.

또한 하나님께서는 성령의 감동을 주셔서 하나님의 말씀을 통해서 깨닫게 하고, 생각의 변화에 따른 행동의 변화를 이끌어내신다. 사람은 아무리 머리로 깨닫고 이해가 되어도 마음이 감동하지 않으면 행동이 변화되기 어렵다. 하나님의 말씀을 따라 움직이는 추진력은 오직 성령의 감동과 도움으로만 가능한 일이다. 따라서 생각의 변화와 행동의 변화를 가능하게 하는 진정한 회개는 하나님의 말씀으로 이루어진다. 기록된 하나님의 말씀(성경)과 깨닫는 하나님의 말씀(성령)이 모두 중요하다. 기록된 말씀으로 생각의 방향이 바뀌지 않으면 그 방향으로 움직이는 것은 불가능하다.

한편 바뀐 생각이 계속 유지되기 위해서는 반드시 행동이 뒤따라야 한다. 바뀐 생각이 바뀐 행동으로 이어지지 않으면 하나님 말씀의 감동이 점점 사라지기 때문이다. 그래서 생각의 변화와 행동의 변화, 이 두 가지는 서로 유기적이며 상호 보완적이다. 생각의 변화는 행동의 변화를 유도하고, 그러한 행동의 변화는 처음 갖게 된 생각의 변화를 더욱 받쳐주고 유지해준다.

예수님이 공생애를 시작하시면서 처음 전파하셨던 말씀은 "회개하라 천국이 가까이 왔느니라"(마태복음 4:17)였다. 말씀이신 예수님은 하나님의 놀라운 새 일을 시작하고 우리를 위해 십자가에 못 박혀 죽은 뒤 부활하고, 승천하셔서 성령을 보내주셨다. 우리에게 회개와 회복의 합법적인 길을 열어주신 것이다.

하나님께서는 회개를 통해 우리가 전심으로 하나님을 알고, 예수님을 경험하고, 성령의 역사에 참여하기를 바라신다. 우리가 이 땅에서 천국을 누리고 나누길 원하시는 것이다. 또한 마지막 때에 하나님의 교회와 민족을 통해 새 일을 행하길 원하고, 예수님이 다시 오실 길을 예비할 변화된 일꾼을 찾고 계신다. 그러므로 지금은 무엇보다도 우리가 성경과 성령을 통해 생각과 행동이 변화하는 진정한 회개의 자리로 나아가야 할 때가 아닌가 한다.

"너희는 여호와를 만날 만한 때에 찾으라 가까이 계실 때에 그를 부르라 악인은 그의 길을, 불의한 자는 그의 생각을 버리고 여호와께로 돌아오라 그리하면 그가 긍휼히 여기시리라 우리 하나님께로 돌아오라 그가 너그럽게 용서하시리라 이는 내 생각이 너희의 생각과 다르며 내 길은 너희의 길과 다름이니라 여호와의 말씀이니라 이는 하늘이 땅보다 높음 같이 내 길은 너희의 길보다 높으며 내 생각은 너희의 생각보다 높음이니라"(이사야 55:6-9).

하나님의 영이 인간의 그릇 안에
운행하시는 이유는 무엇일까?

새 창조의 역사를 통해 세상을 충만하게 하는 그릇

디모데후서 2장 20-21절에는 "큰 집에는 금 그릇과 은 그릇뿐 아니라 나무 그릇과 질그릇도 있어 귀하게 쓰는 것도 있고 천하게 쓰는 것도 있나니"라고 기록되어 있다. 여기에서 알 수 있는 것은, 집주인(하나님)은 겉이 금이나 은으로 된 그릇도 쓰지만 나무나 흙으로 되어 있는 그릇도 사용한다는 것이다. 단순히 겉모양과 재질에 의해서 결정하지 않는다는 것이다.

하나님이 쓰시는 그릇이 되고자 할 때 우리가 보통 갖는 선입견은 우리의 그릇이 더러우니 깨끗한 그릇이 되도록 열심히 노력해서 쓰임을 받자는 것이 아닐까 싶다. 그러나 이것은 진정한 복음이라고 할 수 없다. 사실 성경의 복음은 그 반대인데, 자신이 스스로 노력하여 얻은 외형만으로는 쓰임을 받는 그릇이 되지 못하기 때문이다. 그렇다면 하나님은 속이야 어떻든 겉이 더러운 그릇을 골라서 쓰시는 걸까? 물론 그렇지 않다.

그릇의 종류는 다양하다. 성한 그릇과 상한 그릇이 있고, 귀한 그릇과 천한 그릇이 있으며, 비싼 그릇과 값싼 그릇이 있다. 집마다 주로 사용하는 그릇도 다르다.

그릇의 용도는 무엇일까? 아마도 음식이나 물건을 잘 보관하는 것일 게다. 먹고 남은 음식을 잘 보관하려면 그릇에 넣어둔다. 그런데 보관한다는 단어는 나중에 사용하기 위한 것이라는 의미가 포함되어 있다. 그릇에 잘 보관한 음식은 나중에 필요할 때 꺼내서 먹거나 위치를 옮겨놓을 수 있는 것이다.

그릇(vessel)은 히브리어로는 켈리, 헬라어로는 스퀴오스라고 한다. 히브리어에는 담아놓는다는 공간적인 보관의 의미가 있고, 헬라어는 사용한다는 수단적인 도구의 의미가 있다. 한마디로 그릇은 채우거나 받을 수 있는 공간으로서의 의미와, 전달한다 또는 준다는 의미를 모두 지니고 있다.

그런 의미에서 인간의 몸을 그릇으로 표현하는 것은 적절한 비유이다. 인간은 하늘의 것을 받아 채울 수 있는 내면의 공간(안의 세계)을 가지고 있으며, 또한 담겨 있는 그것을 전달해줄 수 있기에, 그릇의 두 가지 의미에 모두 부합하기 때문이다.

주님께서 사도 바울을 주님이 택한 그릇이라고 부를 때에도 이 두 가지 면이 모두 나타나 있다("주께서 이르시되 가라 이 사람은 내 이름을 이방인과 임금들과 이스라엘 자손들에게 전하기 위하여 택한 나의 그릇이라", 사도행전 9:15). 주님을 만나기 전 바울의 내면에 가득했던 자아를 다 비우게 하고, 주의 영으로 가득 채워 충만하게 하시며, 이제 그를 보내어 그 안에 있는 성령이 몸 밖으로 마음껏 나타나 역사하실 수 있는 도구로 사용하고자 부르신 것이다.

이미 언급한 대로, 창세기 1장 하나님의 창조 기사는 한마디로 그릇이 되는 시공간 구조를 만드신 내용이라 하겠다. 그리고 그 시공간 그릇 안에 채워진 모든 보이는 세계는 창조주의 신성을 그대로 담아내며 드러내고 있다. 즉, 그릇을 만든 것에는 분명 목적이 있는 것이다("창세로부터 그의 보이지 아니하는 것들 곧 그의 영원하신 능력과 신성이 그가 만드신 만물에 분명히 보여 알려졌나니 그러므로 그들이 핑계하지 못할지니라", 로마서 1:20). 한마디로 우주 만물은 하나님을 담고 그 신성을 드러내는 그릇이다.

앞 장에서 설명했듯 인간의 몸도 그 안에 하늘의 것을 받아 몸 밖으로 전달하는 그릇이다. 하늘과 땅을 연결해주는, 성령이 흘러가는, 하늘 의식이 흘러가는 영적 통로인 것이다. 하나님은 우주 만물과 동일한 창조원리로 인간을 그릇으로 만드시고 새 창조의 도구로 사용하신다. 그런 의미에서 모든 인생은 소우주적인 그릇이다.

그릇의 주인이신 하나님

그런데 한 가지 중요한 사실은, 겉모양이나 재질이 아니라 그 그릇 안에 담긴 내용물에 의해 그릇의 가치가 결정된다는 것이다. 그 안에 무엇이 담겼느냐에 따라 귀함과 그렇지 않음이 정해진다. 아무리 금으로 만들어진 그릇이라도 그 안에 오물이 담겨 있으면 그것은 오물 쓰레기 그릇이다. 아무리 천한 질그릇이라도 그 안에 보석이 담겨 있으면 그것은 귀한 보배 그릇이 된다. 겉만 멋있는 그릇은 장식품일 뿐이다. 장식용 그릇은 그 속에 아무것도 없기 때문에 그저 빈 그릇일 뿐이다.

"우리가 이 보배를 질그릇에 가졌으니 이는 심히 큰 능력은 하나님께 있고 우리에게 있지 아니함을 알게 하려 함이라"(고린도후서 4:7)라는 말씀과 같이, 비록 우리 몸이 별 볼 일 없는 낡고 먼지가 묻은 그릇이라 할지라도 그 안에 성령이 담겨 있다면 그것은 무엇보다 귀한 보배 그릇이 된다. 다른 시공간 안에서 타인에게 줄 것이 있는 인생이 되는 것이다. 이는 마치 요한복음 2장에서 예수님이 첫 번째 기적으로 예표하신 대로, 돌항아리에 가득한 물(성령)이 포도주로 변하여 혼인 잔치에 참여한 많은 손님들에게 기쁨을 나눠주는 주님의 도구가 되었던 것과 같은 맥락이다.

또 한 가지 중요한 사실은, 이 그릇(몸)의 주인은 내가 아니고 인간을 만드신 하나님이라는 것이다. 내 그릇 안의 내용물인 성령은 나에게 주신 하나님의 귀한 선물이며, 그래서 그 내용물만을 내 것으로 사용할 수 있다. 이는 마치 음식점에서 음식을 주문했을 때 배달

되는 음식물만 내 것이지, 그 음식물을 담아 온 그릇은 식당 주인의
소유인 것과 마찬가지다.

어떤 영을 채울 것인가

인생을 이처럼 그릇으로 본다면
성선설이나 성악설은 모두 온전한 성경적 진리는 아닌 것 같다. 성
선설이 말하는 바는 인간의 본성은 본래 선하기 때문에 주위의 악한
사회 환경을 개선하면 인간의 문제를 해결할 수 있다는 것이다. 그
러나 더 살기 좋은 사회가 되더라도 인간의 선한 본성이 회복되는
것은 아닌 것 같다.

반대로 성악설에 따르면 인간은 본래 악하게 태어나 주위 환경의
발전과 상관없이 악으로 빠지게 되므로, 엄격한 법과 규범으로 인간
을 다스려야 한다는 것이다. 그러나 가혹할 정도로 인간을 훈련하고
교육한다고 해서 더 나은 사회가 되는 것 같지도 않다. 인간의 인격
을 아무리 외적으로 교육하고 옥죈다고 해도 근본적인 인성에는 쉽
게 변화가 생기지 않는다.

앞에서 살펴본 대로, 인간의 인격은 인간 안에 담겨진 영이 나타
나는 스크린과도 같다. 따라서 그 속을 바꾸지 않는 한 겉으로는 일
시적인 변화만 나타날 뿐 근본적인 인격 변화 또는 회개는 불가능하
다. 경건의 모양만 있지 경건의 능력은 나타나지 않는 것이다. 그 안
에 하나님의 영이 가득하면 하나님을 의식하게 되고(지), 하나님을

기뻐하게 되고(정), 하나님을 따라 움직이게 되는(의) 진정한 인격의 변화가 나타난다. 본래부터 선해서가 아니라 그 안에 선하신 하나님의 영이 가득히 임재하여 운행하고 있기 때문이다.

그러나 '나'의 영으로만 그 내면이 가득하면 자신만을 의식하고 좋아하며 자기 생각대로만 움직이므로 결코 주님이 들어올 자리가 없다. 근본적인 변화도 있을 수 없으며 결국 자신밖에 모르는 마귀 같은 존재가 될 수밖에 없다. 더구나 안의 세계가 세상의 영으로만 가득하면 세상이 자꾸 생각나고 세상이 너무 좋아서 세상을 향해 자꾸 몸을 움직이는 등, 세상에 매여 살고 결국 흙으로 돌아가는 인생이 될 뿐이다. 이는 본래부터 악해서가 아니라 내부에 자아의 영과 세상의 영이 너무 가득 찼을 때 빚어지는 자연스러운 결과일 뿐이다. 우리 인생 각자의 운명은 태어나면서 결정되는 것이 아니다. 내 안이 지금 어떤 영으로 가득 차 있느냐에 의해 결정되는 것이다.

지금까지의 인생이 어땠는지에 크게 얽매일 필요는 없다. 이미 지나간 시간이기 때문이다. 중요한 것은 지금 내 안의 주인이 누구이며 어떤 영의 통로가 열려 있느냐이다. 주의 영이 충만하면 성령이 역사하는 인생이 될 것이고, 나와 세상의 영이 충만하면 결국 마귀가 역사하고 마귀에게 속는 가룟 유다와 같은 인생이 될 수 있다.

그런 의미에서 우리는 하나님이 무작정 다윗은 아끼고 사울은 미워하신 것이 아니라는 것을 알 수 있다. 다윗은 광야의 삶을 통해 자아를 많이 비울 수 있었다. 그리고 그 안에 하나님이 채워졌다. 비록 큰 실수도 있었지만 그 안에서 운행하시는 성령을 따라 순종하며 결국 하나님의 그릇으로 쓰임 받을 수 있었다. 그러나 사울왕은 그 안에 하나님보다는 자아가 가득한 사람이었다. 그러니 하나님이 중심이 되는 것이 아니라, '나'라는 의식으로 인생을 산 것이다. 그는 하나님의 은혜에 대한 분명한 영적 경험이 있었음에도 여전히 자아의식이 가득했기에, 정작 중요한 순간에 항상 자기 생각대로 행동했다. 자기 자존심을 내려놓고 주님을 채우기보다는 자아를 더욱 보강하며 살았기에, 그에 따르는 자연스러운 열매를 맺은 것뿐이다.

하나님의 거룩한 지성소

그리스도인은 그릇이다. 그 내면에 예수님의 영을 담아야 한다. 내 안에 예수의 영이 없으면 아무리 교회를 열심히 다니고 종교적인 행동을 하더라도 하나님이 보시기에는 예수가 주인이 되는 그리스도인이 아니다. 비록 비천한 몸을 갖고 있거나 실패하고 넘어진 과거의 트라우마가 있더라도, 그 안에 내가 비워지고 주님이 채워지면 자연스럽게 그 안에 계신 성령이 드러나게 된다. 즉 성령이 역사하는 인생이 되는 것이다. 그 안에 운행하시는 성령은 그 인생을 통해 새 창조의 역사를 이루어갈 것이며 이 땅에 하나님의 나라를 이룰 것이다.

각자 스스로에게 물어보자. 지금 내 안은 어떤 영으로 채워져 있는가?

"기록된 바 하나님이 자기를 사랑하는 자들을 위하여 예비하신 모든 것은 눈으로 보지 못하고 귀로 듣지 못하고 사람의 마음으로 생각하지도 못하였다 함과 같으니라 오직 하나님이 성령으로 이것을 우리에게 보이셨으니 성령은 모든 것 곧 하나님의 깊은 것까지도 통달하시느니라 사람의 일을 사람의 속에 있는 영 외에 누가 알리요 이와 같이 하나님의 일도 하나님의 영 외에는 아무도 알지 못하느니라 우리가 세상의 영을 받지 아니하고 오직 하나님으로부터 온 영을 받았으니 이는 우리로 하여금 하나님께서 우리에게 은혜로 주신 것들을 알게 하려 하심이라"(고린도전서 2:9-12).

기도로 나아가는 제사장 되기

하나님은 인간 내면의 영적 공간에 성령으로 임하신다. 이는 누구든지 그 안에 말씀을 받아들이면, 즉 예수님을 인격적으로 받아들이면 일어나는 놀라운 영적인 사건이다. 그래서 마치 태초에 하나님의 영이 수면 위에 운행하셨던 것처럼, 그 몸(흙) 안의 어둠과 공허 가운데 거하시며 하늘의 것으로 그 안을 채우신다. 그 공간은 하나님이 다스리시는 하늘나라이며 어둠 가운데 임재하는 하나님의 영광이 머무르는 성전의 지성소이다. 그러니 하나님은 인간의 몸을 단순한 질그릇(흙)이 아니라 하나님의 거룩한 지성소로 삼으신 것이다.

인간의 몸이 지성소이니, 자연히 그 사람의 신분은 이제 제사장이 된다. 그리고 물론 제사장이 해야 하는 가장 중요한 일상은 성전을 매일 드나드는 것이다.

내가 성령의 인도를 받아 내 안의 지성소 안에 들어간다는 것은 무슨 의미일까? 바로 기도하는 것을 말한다. 기도하고자 눈을 감으면 외부의 빛이 차단되어 어둠 속에 있는 것 같지만, 곧 내 안의 지성소가 보인다. 과거 이스라엘의 성전 지성소와 같이, 인간 내면의 지성소는 어둠이고 아무것도 없는 것 같지만 그곳에는 하나님의 거룩한 임재가 있다. 그곳에서 우리는 살아계시고 우리를 만나주시는 성령의 임재를 경험하게 된다.

제사장의 또 다른 직무는 성전 안에서 예배(기도)하는 것이니, 우리도 날마다 내 몸 안의 지성소에 기도로 나아가야 한다. 그리고 날마다 세상의 빛 가운데 눈을 감는 기도의 훈련이 필요하다. 이를 통해 우리는 세상 가운데서 진정한 제사장의 직분을 감당할 수 있다. 성전 앞에서 제사 드리지 않고 다른 일을 하는 제사장은 하나님의 제사장이라 할 수 없다.

눈을 감는다는 것은 보이는 것을 보이지 않는 것으로 여기겠다는 믿음의 고백이다. 있는 것을 없는 것처럼 여기겠다는 것이다. 이러한 영적인 틀이 잡히게 되면 이제 보이지 않는 세계가 열린다. 보이지 않는 것을 믿음으로 보게 되는 것이다. 당장 내 곁에 없는 것을 있는 것같이 여기며 사는 믿음의 능력을 갖게 된다. 마치 정신이 나간 사람처럼 자기암시를 하거나 헛것을 보는 것이 아니라, 현상을 넘어선 실상의 세계를 보게 되는 것이다. 없는 것을 있는 것같이 바라고 믿었던 아브라함처럼, 외부 환경에 흔들리지 않고 하나님이 인정하는 뿌리 깊은 믿음으로 사는 삶이 되는 것이다.

> "기록된 바 내가 너를 많은 민족의 조상으로 세웠다 하심과 같으니 그가 믿은 바 하나님은 죽은 자를 살리시며 없는 것을 있는 것으로 부르시는 이시니라 아브라함이 바랄 수 없는 중에 바라고 믿었으니 이는 네 후손이 이같으리라 하신 말씀대로 많은 민족의 조상이 되게 하려 하심이라"(로마서 4:17-18).

영적 공간인 천국과 지옥은
과연 어떤 곳일까?

시공간을 넘어선 사후의 세계

영국의 저명한 물리학자 스티븐 호킹 박사는 《위대한 설계》라는 책을 통해 "신은 우주를 창조하지 않았다"라는 주장을 해 논란을 일으켰다. 그는 이 책의 출판 다음 해인 2011년 영국의 일간지 《가디언》과 가진 단독 인터뷰에서 죽음, 인간의 목적, M이론 등에 관해 이야기하며 "천국과 사후 세계에 대한 믿음은 죽음을 두려워하는 사람들이 만들어낸 동화일 뿐이다"라고 사후 세계의 존재를 부정했다.

저서를 통해서 신의 존재를 부정했던 그이기에 이러한 주장은 그리 새삼스럽지는 않다. 신을 인정하지 않기 때문에 신을 통한 위로나 안식은 그에게는 무의미한 것이었다. 그는 또한 천국이나 사후

세계에 대한 생각을 멈추고, 죽음 이전의 이생에서의 삶을 유용하게 잘 활용하여 인간의 잠재력을 실현시켜야 한다고 피력했다. 그러나 호킹 박사의 인터뷰 내용 중 천국과 사후세계에 대한 부정은 과학적 관점과 성경적 관점에서 되짚어볼 필요가 있다. 세계적으로 주목받았던 한 무신론자의 주장을 단편적으로 반박하려는 것보다는 그에게 예수님이 말씀하신 천국이 무엇인지를 전하고 싶은 마음의 발로이기도 하다(물론 이제는 너무 늦었지만 말이다).

다만 필자의 짧은 지식으로 오랜 역사를 통해 내려온 이 논쟁에 참여하기보다는 인간의 인식의 한계와 성경에서 말씀하는 천국에 대한 이해를 나누고자 한다.

호킹 박사는 인터뷰에서 "뇌가 마지막 깜박이는 순간이 지나면 그 이후에는 아무것도 없다"라며, "인간의 뇌는 부품이 고장 나면 작동을 멈추는 컴퓨터와 같아서, 고장 난 컴퓨터를 위한 천국이나 사후세계는 없다"라고 말했다.

물론 그의 말처럼 사람이 죽고 나면 뇌의 작동은 멈추고 인식작용은 더 이상 지속되지 않는다. 그러나 뇌의 인식작용과 지각활동이 정지한다고 해서 그 이후에 아무것도 존재하지 않는다고 말할 수는 없다. 단지 인간의 생각이 더 이상 이어지지 않는 것이고 의식(지적인 기능)이 미치지 못하는 것일 뿐이다.

인간의 인식능력에는 내적인 한계뿐만 아니라 외적인 한계도 존재한다. 하나님이 창조하신 세계에는 시공간 안에서 눈에 보이는 세계와 시공간을 벗어나 눈에 보이지 않는 세계가 모두 존재하기 때문이다. 우리가 지각할 수 있고 우리의 이성으로 이해하고 느낄 수 있는 눈에 보이는 물질세계와, 우리가 지각할 수 없고 우리의 이성으로 잘 이해되지 않으며 눈에 보이지 않는 세계, 즉 영의 세계가 있는 것이다.

예컨대 우주의 시작, 즉 시간의 시작이라고 할 수 있는 우주대폭발(빅뱅)로부터 현재까지는 인간의 이성으로 이해할 수 있다. 물리학 이론은 빅뱅 이후부터 지금까지 우주가 어떻게 변화해왔는지 어느 정도 설명한다. 그러나 빅뱅 이전은 인간의 이성과 지각으로는 결코 알 수 없다. 어떤 슈퍼컴퓨터로도 알 수 없는 것은 물론이다. 왜냐하면 그것은 시간을 벗어난 세계이기에, 원리적으로 시간 안에서 작동하는 컴퓨터나 뇌의 작용으로는 아는 것이 불가능하기 때문이다.

이처럼 우주의 시작 이전에 대해 인간이 알 수 없듯이, 인간의 인식과 지각 능력은 인간이 죽고 난 이후의 세계에 대해 미치지 못한다. 모두 시공간을 벗어난 세계, 순수한 영의 세계이기 때문이다. 그러나 우리에게 인식되지 않는다고 해서 사후세계가 존재하지 않는다고 단언할 수는 없다. 물리학에서도 이론적으로 4차원의 시공간 세계를 넘어서는 고차원의 세계가 존재한다. 단지 그것이 인간의 몸이나 의식으로 직접 경험되지 않을 뿐이다.

천국과 지옥

천국은 호킹 박사의 말처럼 죽음의 두려움을 벗어나기 위해 인간이 찾는 동화일까? 아니면 실제로 사후에 존재하는 어떠한 공간일까? 세례 요한과 예수님이 사역을 시작하면서 외친 첫 말씀은 "회개하라 천국(kingdom of heaven)이 가까웠느니라"(마태복음 3:2, 4:17)였다. 또한 예수님은 천국을 하나님의 나라라고 말씀하셨다("그러므로 예수께서 이르시되 하나님의 나라가 무엇과 같을까 내가 무엇으로 비교할까", 누가복음 13:18). 이는 곧 하나님이 계신 하늘(heaven)을 의미한다. 물론 하나님이 계시다는 것은 하나님이 통치한다는 것을 뜻한다. 요컨대 성경이, 세례 요한이, 예수님이 말씀하신 천국이란 하나님이 통치하는 영역이다. 이러한 의미의 천국은 물리적 시공간으로만 한정하면 이해되지 않는, 인간의 지정의를 넘어서는 세계이다. 그러나 천국의 그림자는 우리 현실에서도 인지되고, 발견되고, 경험될 수 있다(즉, 인간은 천국과 지옥의 경계에 있으며, 인생은 천국과 지옥의 그림자가 겹치는 영역이다). 그래서 예수님은 천국이 마치 밭에 숨겨진 보물 같고 극히 값진 진주 같아서, 우리는 상인처럼 그것을 찾아다니다가 발견하면 기뻐하며 돌아가 모든 재산을 팔아서 그것을 사는 것과 같다고 말씀하셨다(마태복음 13:44-46).

천국은 이처럼 연약한 인간이 죽음의 두려움을 몰아내고 삶의 고통을 잊기 위한 자구책으로 추구하는 것이 아니라, 발견 즉시 기쁨으로 전 재산을 다 팔아서라도 가지고자 하는 가장 귀하고 아름다운 것이다. 그리고 이러한 천국은 사람이 자기 밭에 가져다가 심어놓은

겨자씨와 같고, 여인이 가져다가 밀가루에 섞어 온통 부풀게 하는 누룩과 같아서(마태복음 13:31-33), 나에게 임한 천국은 삶을 변화시키고 확장시켜 이웃에게까지도 선한 영향력과 생명력을 끼칠 수 있다고 예수님은 말씀하셨다.

　　그렇다면 지옥은 어떻게 이해할 수 있을까? 지옥은 각자의 인생에서 어떻게 경험되는 것일까? 이를 위해서 누가복음 16장 19-31절의 부자와 거지 나사로 이야기를 생각해보자. 나사로는 죽어 아브라함의 품에 안기고 부자는 죽어서 지옥에서 고통받게 된다. 여기에는 두 가지 주목할 내용이 있다. 하나는 여전히 부자가 나사로를 자신의 심부름을 하는 종으로 여기고 있다는 것인데, 이는 죽음 후에도 사람의 생전 의식이 남아 있음을 의미한다. 다른 하나는 부자가 자기 가족에게 지옥이 있음을 전해달라고 부탁하는 것인데, 마치 자기는 생전에 지옥의 존재를 전혀 몰랐다는 듯 원망한다. 만일 지옥의 존재를 미리 알았다면 자신은 이곳에 오지 않을 수 있었을 것이라는 뜻이다. 그런데 부자는 정말 몰랐을까? 하나님은 지옥에 대해 전혀 모르는 부자를 갑자기 지옥에 보내신 걸까? 그렇지 않다.
　　예수님은 죽은 상태를 잠자는 것으로 말씀하신다("죽은 것이 아니라 잔다", 마가복음 5:39). 사람이 잠을 잘 때 몸은 쉬지만 의식(영)은 깨어 있다. 또 잠을 자는 동안에 꿈을 꾸기도 하는데, 꿈을 꿀 때는 의식이 있어도 몸은 자기 맘대로 움직이지 못한다. 죽음도 이와 같다. 즉, 움직일 몸은 없고 의식만 남아 있는 상태다.

죽음 이후의 세계

죽고 나면 어떤 의식이 남을까? 이는 평생 살면서 어떤 의식(영)이 그 내면에 채워졌는지에 의해 결정된다. 몸은 흙으로 돌아가 사라지지만 그 안에 담긴 의식은 남아 있는 것이다.

부자는 날마다 먹고 마시는 것으로 쾌락을 누리며 육적인 것을 추구하는 의식으로 살았다. 물론 살아 있는 동안에는 몸을 움직여 그 의식을 계속 보강할 수 있지만, 일단 몸을 벗어나면 더 이상 그 의식을 채울 수 없게 된다. 예컨대 물을 마실 수 있는 몸이 있는 동안에는 목마름을 의식하고 물을 마심으로써 그 의식에서 벗어나거나 보충할 수 있지만, 죽어서 몸이 없으면 갈증을 채울 수 없게 된다(이는 마치 꿈속에서 도망가야 한다는 의식은 있지만 몸을 움직일 수 없는 것과 같은 이치다). 그러니 목마름의 의식만 계속 남게 되고, 정작 그걸 채워줄 몸은 없으니 정말로 괴롭고 고통스러운 상태가 될 것이다.

이러한 궁핍 상태가 죽은 후에도 영원히 지속되는 것이 바로 지옥이다. 평생 육을 채우는 것으로만 산 부자는 그 의식을 채워줄 몸이 사라지자 영원한 궁핍인 지옥 가운데 있게 된 것이다. 그러므로 평생 자신만을 위하는 '나' 의식으로 몸을 움직인 사람이 죽어서 영원한 지옥을 경험하는 것은 너무나 당연하다. 우리는 몸을 움직여 자신의 내면에 어떤 의식을 채워가고 있느냐를 통해 결국 죽어서 영원히 경험할 천국이나 지옥을 이미 이 땅에서 날마다 쌓아가고 있는 것이다.

하나님은 지금도 모든 사람에게 생지옥(즉, 살아 있는 동안 경험하는 지옥의 그림자)를 통해서 영원한 지옥이 있음을 알게 하신다. 그러니 누구도 나중에 하나님 앞에서 몰랐다고 변명하거나 원망할 수는 없을 것이다.

> "나더러 주여 주여 하는 자마다 천국에 다 들어갈 것이 아니요 다만 하늘에 계신 내 아버지의 뜻대로 행하는 자라야 들어가리라"(마태복음 7:21).

현재를 통해 이미 미래를 쌓고 있다

인생은 끝없는 선택이다. 살아 있는 동안, 몸을 지니고 있는 동안 내 안의 세상과 나 의식을 성령과 십자가로 구조조정하지 않는다면, 몸을 벗어나는 죽음의 순간 이후에 어떤 상태가 될지는 누구보다도 본인이 잘 알 것이다.

사람은 나이 들고 육이 약해지면서 보다 영적인 존재가 되는데, 그 이유는 그동안 강한 육으로 가려졌던 내면의 영의 세계가 서서히 열리고 드러나기 때문이다. 하나님 의식이 남게 되면 천국을 영원히 누리게 되고, 나와 세상 의식만 남게 되면 그것을 채워줄 몸이 더 이상 없으니 영원한 지옥 가운데 있게 되는 것이다.

그러니 지금 내가 어떤 의식(영)으로 현재를 사느냐가 무엇보다 중요하다. 우리는 지금도 죽음 후의 일을 쌓아가고 있는 것이기 때문이다. 이런 관점에서 보면 예수님을 믿기만 하면 평생 아무렇게나 살아도 죽어서 천당에 갈 수 있다는 생각이 얼마나 엄청난 착각인지 알 수 있다. 부디 자신이 지금 천국을 쌓고 있는지 아니면 지옥을 쌓고 있는지 돌아보는 기회를 갖자.

하나님께서는 우리가 이 세상을 사는 동안 지옥을 벗어날 수 있도록 미리 기회를 주신다. 우리가 몸을 갖고 살아 있다는 것 자체가 바로 그 증거이다. 그러므로 살아 있는 동안 하나님의 의식을 채우고 몸을 움직여, 미리 지옥을 면하고 천국을 미리 맛보는 인생이 되자.

"예수께서 대답하여 이르시되 하나님의 나라는 볼 수 있게 임하는 것이 아니요 또 여기 있다 저기 있다고도 못하리니 하나님의 나라는 너희 안에 있느니라"(누가복음 17:20-21).

제4부

빛의 창조

—

물질성과 비물질성을 공유한 빛,
절대자의 또 다른 표현

"하나님이 이르시되 빛이 있으라 하시니 빛이 있었고"
– 창세기 1 : 3

빛은
무엇일까?

빛의 개념

창세기 1장 3절을 보자. 이때 창
조된 빛은 어떤 것일까? 전자기파로서의 물질적인 빛(광선)을 의미
할까 아니면 비물질적인 의미의 좀 더 근원적인 빛인 걸까? 물론 이
빛의 개념에 대해서도 여러 가지 견해와 학설이 있다. 그런데 필자
의 생각으로는 이때의 빛은 물질적인 빛이면서 또한 하나님의 영광
과 임재를 뜻하는 영적 의미도 포함하는 것이 아닐까 한다. 마치 창
세기 1장 1절에서 하늘이 물질적인 의미와 비물질적 의미 두 가지를
모두 갖듯이 말이다.

사실 전자기파로서의 물질적인 빛에는 눈에 보이는 가시광선도
있지만 눈에 보이지 않는 적외선이나 자외선도 있다. 하지만 이런

빛은 보이지 않기 때문에, 빛이라는 히브리어 단어를 복수가 아닌 단수 명사로 썼는지도 모르겠다. 아무튼 분명한 것은 여기서 빛이라는 단어는 눈에 보이는 빛과 눈에 보이지 않는 빛을 포함하는 포괄적인 의미로 사용되고 있다는 것이다. 그리고 물론 눈에 보이지 않는 빛에는 비물질적인 영적인 개념의 빛도 포함되어 있다("그 안에 생명이 있었으니 이 생명은 사람들의 빛이라 빛이 어둠에 비치되 어둠이 깨닫지 못하더라", 요한복음 1:4-5).

먼저 물질적인 빛에 대해 이야기해보자.

지난 2015년은 유네스코가 제안하고 2013년 12월 제68차 유엔총회에서 결의한 '세계 빛과 빛 기술의 해'였다. 2015년은 물체가 보이는 이유는 빛이 물체에 반사된 결과라고 처음 주장한 학자 이븐 알하이삼의 책 《광학의 서》가 출판된 지 1,000년, 과학적인 빛의 법칙을 정립한 물리학자 제임스 맥스웰의 전자기파 이론이 정립된 지 150년, 우주론의 근간인 아인슈타인의 일반상대성이론이 발표된 지 100년, 광통신에 사용되는 광섬유가 연구된 지 50년, 그리고 레이저가 처음 발명된 지 50년을 기념하는 뜻깊은 해였다. 이에 따라 유엔은 빛을 이용한 광기술이 인류의 삶과 사회 발전에 중요한 기여를 해왔다는 점을 전 세계에 알리고자 그해를 '빛의 해'로 선정한 것이다.

빛에 대한 과학적 이해

역사적으로 빛에 대한 이해는 물리학의 발전과 그 맥락을 함께해왔다. 빛은 뉴턴의 입자설(1672년), 호이겐스(Christiaan Huygens)의 파동설(1690년), 아인슈타인의 광자설(1905년) 등을 거쳐 20세기 초 양자역학의 입자와 파동의 이중성(duality)으로 그 이론이 정립되었다. 특히 시간과 공간이 물질(중력)에 의해 영향을 받고 변한다는 일반상대성이론은 빛의 개념을 이용한 사고 실험을 통해서 만들어졌다. 사실 시간과 공간의 상대적 개념을 처음으로 정립한 특수상대성이론(1905년)도 움직이는 관찰자에게 빛이 어떻게 관측되는가를 고민하면서 탄생했던 것이다.

일반적으로 빛은 일정한 속도(초당 약 30만 킬로미터)로 움직이는 모든 전자기파를 일컫는다. 사람의 눈으로 볼 수 있는 가시광선뿐 아니라 눈에 보이지 않는 긴 파장의 라디오파, 마이크로파, 테라파(테라헤르츠 주파수를 갖는 빛), 적외선과 짧은 파장의 자외선, 엑스선, 감마선도 모두 다양한 빛의 영역에 속한다. 예를 들어 엑스선은 공항에서 짐을 검색할 때 사용되는데 이 같은 단파장의 빛을 이용해 미시 세계의 현상을 관찰할 수 있으며, 어떤 과정을 통해 생명이 유지되는지, 어떻게 병원균을 정복할 수 있는지 등 다양한 과학적 질문에 대한 정보를 얻을 수 있다. 나아가 우리는 오늘날 우주를 이해하는 단서의 대부분을 여전히 별빛으로부터 얻고 있다. 이처럼 빛은 자연과학, 공학, 의학 등 과학기술 전반에 걸쳐 매우 중요한 역할을 담당한다.

빛은 자연계 어디에나 존재하며 일상생활에서 쉽게 경험할 수 있다. 해 지는 저녁노을, 무지개, 푸른 바다, 식물과 동물이 지니는 아름다운 다양한 색깔 등도 빛을 통해 볼 수 있는 것들이다. 무지개는 햇빛이 공기 중의 빗방울에 의해 굴절하여 나타난 것이고, 저녁노을은 대기 중의 먼지 입자들이 햇빛을 반사하여 보이는 현상이다. 이른 아침 해 뜰 때보다는 해 지는 저녁에 입자들의 농도가 높아지기 때문에 저녁노을이 더 화려하고 장엄하게 보인다. 녹색을 띤 식물은 햇빛이 지닌 빛 에너지를 화학 에너지로 변환시켜 생명을 유지하는 동시에, 인간에게 필요한 산소와 탄수화물을 공급하는 광합성 작용을 한다.

햇빛과 같은 자연광과 달리 매우 정밀한 특성을 갖는 인공적인 레이저 빛도 있다. 발명된 지 50여 년이 지난 레이저는 오늘날 현대 삶의 영역에서 없어서는 안 될 만큼 다양한 용도로 쓰인다. 편의점에서 물건의 가격을 스캔하거나 비디오플레이어를 작동시키는 등 대부분의 일상생활이 레이저의 도움으로 이루어질 정도다. 실제로 레이저 포인터, 레이저 금속절단기, 레이저 의료 진단 및 시술, 현미경 등에 쓰이며 나아가 광통신, GPS, 항해기술, 정보 저장, 암 진단, 가공 및 제조 기술, 환경 및 오염 측정, 클린에너지, 농업, 건축, 군사, 안보, 오락, 건강, 자연보호 등에도 레이저 기술이 필수적이다.

한편 빛은 예술과 문화에서도 중요한 역할을 한다. 교회와 성당의 스테인드글라스, 건축물의 조명, LED 광고판, 밤하늘이나 무대를 수놓는 레이저 쇼, 사진 및 동영상, 예술작품 보존 및 재현 등에 다양한 빛이 두루 쓰인다. 이러한 다양한 형태의 빛은 인간의 사회생활 및 산업 전반에서 사용되며, 이를 응용한 미래산업의 분야 또한 무궁무진하다.

빛의 물질적인 특성과 비물질적인 특성

앞에서 설명했듯 빛은 우리에게 매우 친숙하며, 일상적인 삶의 영역에서 접하는 '물질적'인 특성을 갖지만, 동시에 일반적인 상식으로 이해하거나 경험하기 어려운 '비물질적'인 특성도 지니고 있다. 늘 우리 주위에 변함없이 함께하는 동반자로서의 빛이, 바쁘게만 살아가는 현대인에게 말없이 들려주는 신앙적 의미도 한 번쯤 생각해봐야 할 것이다.

여기에서는 먼저 모든 다른 물질과 달리 빛만이 가지는 특별한 성질 몇 가지를 간단히 언급하겠다.

우선 빛은 '절대성'을 지니고 있다. 빛의 속도는 우주 만물 중에서 가장 빠른 속도이며 그 어떤 물질도 따라올 수 없는 절대적인 속도의 한계 값이다. 모든 것이 상대적이며 절대적인 가치가 점차 사라져가고 있는 현대사회에서 빛은 그 자체로 절대적인 존재와 가치를 보여준다. 또한 빛의 속도는 유일하게 상대속도의 개념이 적용되지 않으며 모든 관찰자에게 동일한 값으로 측정되고, 그 값이 항상 일정한 '유일성'을 지니고 있다. 특히 이 성질은 특수상대성이론의 근간이 되며 우주에 대한 올바른 이해를 갖게 해주는 중요한 개

넘이다.

빛에는 또한 '영원성'이 내재되어 있다. 이 지구상에서 시간은 늘 변하고 상대적이며, 과거에서 현재를 거쳐 미래로 흐르지만, 빛에게는 시간이 오직 '영원한 현재'로만 존재한다.

"빛이 하나님이 보시기에 좋았더라 하나님이 빛과 어둠을 나누사"(창세기 1:4).

빛과 시간의 관계는
무엇일까?

빛의 속도와 시간의 개념

빛의 속도는 그 어떤 물질도 따라잡을 수 없는 속도의 절대적인 최대값이다. 광속이라 부르는 빛의 속도는 1초당 약 30만 킬로미터의 거리를 움직이는 값이다(정확히 말하면 1초에 299,792,458미터를 이동한다).

그러면 이렇게 빠른 광속에서는 시간의 상대성이 어떤 결과를 가져오는지 생각해보자. 앞서 제1부에서 설명한 대로 빨리 달리는 기차 안에 있는 관찰자의 시계는 땅 위에 정지해 있는 관찰자의 시계보다 천천히 간다. 따라서 주어진 두 사건 사이에 흐른 시간은 빨리 움직이는 관찰자에게는 상대적으로 더 짧게 느껴지게 된다.

그런데 광속으로 달리는 관찰자에게는 한 가지 전혀 예상하지 못한 일이 일어나는데, 그것은 모든 시간의 흐름이 상대적으로 느려지는 것이 아니라 아예 멈춘다는 것이다. 빛 안에서는 시간이 완전히 정지된다. 즉, 시간의 개념 자체가 사라진다. 따라서 빛 안에서는 과거, 현재, 미래라는 시간의 분리가 없어지고 오직 절대적인 한 점(순간)으로 모이게 된다. 즉 영원한 현재만 존재하는 것이다. 지구상에서는 모든 사건이 과거, 현재, 미래라는 시간의 흐름에 따라 분리되지만, 광속으로 달리는 빛 안에서는 이러한 시간의 구분이 없어지고 현재의 순간만이 영원히 지속되는 것이다.

일례로 1987년 2월 23일 칠레의 한 천문대에서 우주에서 날아온 밝은 빛이 관측됐다. 이것은 1987A라고 명명된 초신성이 폭발하면서 발생한 빛인데, 이 별은 지구에서 약 17만 광년 떨어진 별이다. 이 별빛이 지구에 도착하기까지 지구상의 시계로 17만 년이란 긴 시간이 걸린 것이다. 그러나 광속으로 움직이는 가상의 우주선을 타고 17만 년 전에 별을 출발한 그 별빛과 함께 날아온 관찰자에게는 시간의 흐름이 완전히 정지하기 때문에, 지구까지 도달하는 데 정확히 0초의 시간이 흐르게 된다.

여기서 17만 년과 0초의 차이는 단지 시간의 길고 짧음의 상대적 차이가 아니라, 본질적으로 전혀 차원이 다른 의미를 갖는다. 즉 빛 안에서는 시간의 흐름이 정지되고 시간이란 개념 자체가 존재하지 않으므로, 빛은 시간의 영역 밖에 존재한다는 사실이다. 바로 이것이 시간 안의 세계(보이는 세계)와 시간 밖의 세계(보이지 않는 세계) 사이의 엄청난 차이다. 두 세계는 전혀 차원이 다른 세계인 것이다. 인간

232

에게는 17만 년이라는 긴 시간을 기다려야 하는 사건이지만 빛 안에서는 순식간에 일어나는 현재의 사건일 뿐이다.

참고로 태초에 빅뱅이 있은 직후 우주(즉, 물질)의 팽창속도는 광속보다는 약간 작은 값이었고, 구체적으로 태초 당시의 1초가 오늘날 지구의 시계로는 9만 년에 해당한다고 설명했다(제1부 참조). 그러나 만일 태초부터 지금까지 흐른 시간(초기 우주의 입장에서는 6일이고 현재 지구의 입장에서는 140억 년)을 빛의 속도로 움직이면서 측정했다면 그 값은 여전히 0초의 순간이었을 것이다. 이는 물론 17만 광년 떨어진 초신성의 경우와 마찬가지로 빛 안에서는 시간이 정지하게 되고, 따라서 시간이라는 개념 자체가 사라지기 때문이다.

인간에게 가장 큰 고민과 불안 요소 중 하나는 바로 시간의 문제일 것이다. 인간은 시간에 얽매여 살아갈 수밖에 없는 존재이며, 시공간 안에서는 현재로부터 일정 시간이 지나야 미래가 되기 때문이다. 그때가 되기 전에는 미래를 알 수 없기 때문에 기다림을 비롯하여 시간에 관련된 다양한 문제가 생겨난다. 그러나 이러한 시간의 문제는 시간 안에서는 해결이 되지 않으며, 오직 시간 밖의 영역인 빛 안에 들어가야만 근본적인 해결이 가능하다. 그것이 시간의 한계를 초월하면서 오늘을 살 수 있는 유일한 길이다.

지구에서 17만 광년 거리의 초신성 1987A
출처 : NASA

자유의지와 전지전능의 딜레마

한편, 이 빛과 시간의 관계를 통
해 인간의 '자유의지'와 하나님의 '전지전능'의 문제를 한번 생각해보자.
하나님이 인간에게 자유의지를 주셨다면 하나님도 내가 무엇을
선택할지는 모를 것이다. 만일 하나님이 미리 알면서 내가 어떤 선
택을 하도록 미리 프로그램을 짜두신 것이라면 그것은 자유의지가
아니다. 그러니 하나님이 나에게 자유의지를 주셨다면 하나님은 내
가 어떤 선택을 할지 몰라야 한다. 그리고 내가 현재 이런 선택을 할
지 저런 선택을 할지는 내 마음에 달린 것이고, 시공간 안에서는 그
현재의 선택에 따라 미래의 결과가 서로 달라진다. 즉, 하나님도 내

가 지금 마음속으로 어떤 선택을 할지 알 수 없고, 내가 어떤 선택을 했었는지는 일정 시간이 지난 다음에 그 결과를 보고 나서야 알 수 있을 것이다.

그런데 과연 하나님이 모르는 것이 있을까? 만일 하나님에게 하나라도 모르는 것이 있다면 그 하나님은 전지전능한 존재가 아니다. 그렇다면 이 두 가지는 모순이고 둘 중 하나는 틀린 것 아닐까? 어쩌면 하나님은 전지전능하기에 인간에게 자유의지를 주시지 않았거나, 아니면 하나님은 인간에게 자유의지를 주셨지만 전지전능하지 않든가 둘 중에 하나만 사실이라고 생각될 것이다.

이러한 딜레마는 빛 안에서의 시간 개념을 생각하면 쉽게 해결된다. 빛 밖에서는 현재의 선택과 미래의 결과가 서로 다른 시간에 발생하지만, 빛 안에서는 현재와 미래가 하나로 합쳐진 순간만이 있기 때문이다. 그러니 하나님은 전지전능하시면서 동시에 인간에게 자유의지를 주실 수 있다. 단지 인간의 입장에서 볼 때, 시공간 안에 존재할 수밖에 없는 인간의 생각으로는 그 두 가지가 모순인 것처럼 보일 뿐이다. 이처럼, 여기서 살펴본 대로 빛의 특성을 알기만 해도 하나님은 인간의 생각이 미치지 못하는 분이며 인간의 생각 안에 가두어 이해할 수 없는 절대자이자 초월자인 것을 알 수 있다.

"깊도다 하나님의 지혜와 지식의 풍성함이여, 그의 판단은 헤아리지 못할 것이며 그의 길은 찾지 못할 것이로다"(로마서 11:33).

빛의 고유한 특성은
무엇일까?

유한성과 무한성이 공존하는 빛

빛의 특이성은 한마디로 그 안에
물질성과 비물질성이 동시에 공존한다는 것이다. 빛에는 에너지가
있다. 즉, 빛에는 실제 측정할 수 있는 빛에너지라는 물질성이 있는
것이다. 그런데 질량-에너지 등가원리에 의하면 질량(물질)이 있어
야 에너지가 있는데, 신기하게도 빛은 질량을 가질 수 없다. 즉, 빛은
질량이 없으니 비물질이면서도, 에너지라는 물질성을 갖고 있다. 더
구나 모든 물질은 눈에 보이지만 빛은 에너지를 갖고 있으면서도 눈
에 보이지 않는 비물질성을 갖고 있다. 이처럼 빛은 모든 물질 중에
가장 특이한 비물질적 특이성을 지니고 있다. 보이는 물질세계와 보
이지 않는 비물질세계의 접점에 빛이 있는 것이다.

앞서 잠깐 언급했던 빛의 몇 가지 고유한 특성을 좀 더 자세히 다루어보자.

우선 빛에는 '절대성'이 있다. 어떤 물질도 빛보다 빠르게 움직일 수 없다는 점에서 빛은 속도의 절대적인 한계에 해당한다. 물질성을 갖는 한 절대로 빛의 속도보다 빠를 수는 없다는 것이다. 특수상대성이론에 따르면 물체의 속도가 증가할수록 물체의 질량은 증가하게 된다. 그리고 속도가 광속만큼 증가하면 질량은 무한대가 되는데, 이는 결국 빛 안에서는 질량(물질)의 개념이 사라짐을 의미한다(질량-에너지 등가원리에 의해 움직이는 물체의 운동 에너지는 질량의 증가로 나타나는데, 속도가 증가할수록 질량이 늘어나므로 그만큼 더 많은 에너지가 필요하다. 결국 빛의 속도에는 다다를 수 없다. 물체를 빛의 속도까지 올리려면 무한대의 에너지가 필요한데, 이것은 불가능하기 때문이다).

반면 빛은 일정한 에너지를 갖고 있을 뿐 아니라, 관찰자의 속도에 따라 그 빛의 에너지(즉 빛의 색깔)가 달라지는 등 물질적인 특성도 동시에 지니고 있다(교차로에서 빨간색 정지 신호등을 위반하고 통과하여 붙잡힌 운전자가 교통순경에게 특수상대성이론을 거론하며 자기 눈에는 신호등이 파란색이었다고 말했다. 자동차의 속도에 따라 빛의 색깔이 변한다는 사실을 언급한 것이다. 그러나 운전자가 빨간색이 아니라 파란색의 신호등을 보았다고 한다면, 그 운전자는 거의 빛의 속도만큼 달리는 과속운전을 해야 가능하다. 신호위반이든 과속운전이든, 아무튼 이 운전자는 벌칙을 면할 수 없을 것이다). 이것이 물질적 특성의 빛이 지니는 비물질성이다. 이런 의미에서 빛은 보이는 세계와 보이지 않는 세계의 접촉점이라고 할 수 있다.

다음으로는 빛의 '유일성'을 생각할 수 있다. 빛의 색깔은 관찰자의 운동상태나 속도에 따라 상대적으로 달라질 수 있지만, 빛의 속도는 모든 관찰자에게 항상 동일하며 일정한 값으로 측정된다. 이처럼 광속은 항상 일정하고 변하지 않는 값을 갖는다는 의미에서 유일성이라는 특성을 지닌다.

참고로 빛의 속도가 시간에 따라 그 값이 변할 수 있다는 물리학적 이론이 최근 몇몇 연구자에 의해 시도되고 있지만, 아직 정립된 해석은 없으며 이는 여전히 논란이 많은 주제이다(만일 태초에 빛의 속도가 지금보다 큰 값이었고 갈수록 줄어들고 있다는 해석이 가능하다면, 별들의 적색편이나 우주배경복사가 대폭발에 의한 우주 팽창의 결과가 아니라 광속의 감소로 인한 결과라고도 이해될 수 있기에 이는 흥미로운 연구 주제임은 분명하다. 그러나 지금까지 거의 모든 과학적 실험 결과들은 빛의 속도가 유일하다는 사실에 부합한 것으로 받아들여지고 있다).

아무튼 빛의 이러한 변하지 않는 특성은 상대성이 만연한 현대사회 속에서도 절대성과 유일성의 존재가 있다는 특별한 의미를 묵묵히 전달하고 있는 것이 아닐까 싶다.

한편 빛에는 '무한성'이라는 특징도 존재한다. 다시 말해 빛에는 무한히 많은 파장(색깔)의 스펙트럼이 포함되어 있다. 빛에는 눈에 보이는 가시광선 영역도 있지만 보이지 않는 비가시 영역의 빛도 존재한다. 태양빛을 프리즘에 통과시키면 다양한 색깔의 빛들로 나뉘는데, 이는 비 온 뒤 하늘에 펼쳐지는 무지개가 생기는 현상과 같은 맥락이다. 이렇듯 빛 안에는 무한히 많은 파장의 빛이 존재할 수 있으며, 이런 점에서 빛의 무한성을 볼 수 있다.

　나아가 태초 이후부터 지금까지의 전 우주 공간에도 우주배경복사와 같은 또 다른 형태의 빛이 존재하는데, 이는 빛이 우주에 편만하게 존재하고 있다는 점을 보여준다. 즉, '편만성'도 빛의 무한성과 관련된 또 다른 특성 중 하나이다.

　또한 빛에는 이미 언급한 대로 '영원성'도 존재한다. 빛 안에서는 시간의 흐름이 정지하여 오직 영원한 현재라는 순간만 존재하는 것이 특징이다. 다시 말해 빛의 속도는 제한된 유한한 값이지만 그 빛 안에는 과거, 현재, 미래가 모두 한 점으로 모여 있다. 즉 무한한 시간이 포함되어 있는 것이다. 빛 안에는 과거에서 미래로 향하는 시간의 흐름이나 구분이 없는 영원함이 존재한다.

　우리는 빛이 시공간 내에서 존재한다는 것을 매일 눈으로 보며 경험할 수 있지만, 아이러니하게도 그 빛 안의 세계는 시공간을 넘어서는 시공간 밖의 영역이다. 그리고 이 두 반대되는 세계가 조화롭게 공존하는 것이 바로 빛이다.

　이처럼 매일의 일상에서 쉽게 지나칠 수도 있는 빛을 통해 우리는 유한성을 넘어서는 무한성과 영원성을 어렴풋이나마 이해하고 기대할 수 있다. 이러한 빛은 날마다 변함없이, 그리고 끊임없이 비치고 있다.

　마지막 빛의 특성으로 '임재성'을 생각할 수 있다. 빛은 눈에 보이지 않는 비물질적 특성을 지니지만 인간의 오감으로 접촉과 경험과 증명이 가능하다. 예를 들어 햇빛 아래 있으면 그 따스한 온기가 전달되니 피부로 그 존재를 경험할 수 있는 것이다.

이처럼 빛은 여러 가지 고유한 특성들을 지니고 있으며, 시공간이라는 유한함 안에 존재하는 친숙한 존재이면서도 무한성과 초월성 등 비물질성을 내재하고 있다.

우리는 성경을 통해서도 이러한 존재를 만날 수 있는데, 그분은 바로 예수님이다. 예수님은 우리와 같은 인간의 모습으로 이 땅에 임하셨지만, 우리는 그분을 통해서 하나님의 영원한 특성을 경험할 수 있기 때문이다.

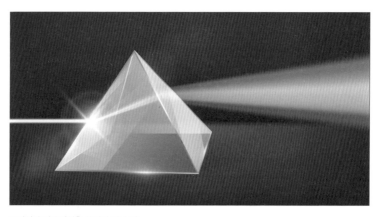

물질성과 비물질성을 동시에 지닌 빛

"태초에 말씀이 계시니라 이 말씀이 하나님과 함께 계셨으니 이 말씀은 곧 하나님이시니라 그가 태초에 하나님과 함께 계셨고 만물이 그로 말미암아 지은 바 되었으니 지은 것이 하나도 그가 없이는 된 것이 없느니라"(요한복음 1:1-3).

세상의 빛이신
예수님은 누구인가?

말씀이 육신이 되어

"말씀이 육신이 되어 우리 가운데 거하시매 우리가 그의 영
광을 보니 아버지의 독생자의 영광이요 은혜와 진리가 충만
하더라"(요한복음 1:14).

앞선 장에서 살펴본 대로 빛은 우리의 일상 경험과는 배치되는 특
이한 고유성을 내재하고 있다. 시공간 속에 있는 사람이 쉽게 접할
수 있는 익숙한 물질적 존재이면서도 절대성과 유일성 등 비물질성
또한 지니고 있는 것이다. 한편 이와 유사한 존재로서 성경에 계시
되어 있는 분이 바로 성육신의 예수님이다. 예수님은 우리와 같은 인

간의 모습으로 이 땅에 찾아오셨지만, 빛과 유사한 영원한 하나님의 속성을 지녔다. 한마디로 빛과 예수님 모두 유한성과 무한성이 공존하는 존재이며, 그래서 보이는 세계와 보이지 않는 세계 사이의 접촉점이라고도 할 수 있다.

한편 빛에는 절대적 속도 한계라는 절대성이 있는데, 예수님도 인간이 결코 도달할 수 없는 절대적인 창조주의 모습을 갖고 있다. 이러한 하나님의 속성은 다음과 같은 성경 구절에서도 볼 수 있다.

> "이는 내 생각이 너희의 생각과 다르며 내 길은 너희의 길과 다름이니라 여호와의 말씀이니라 이는 하늘이 땅보다 높음 같이 내 길은 너희의 길보다 높으며 내 생각은 너희의 생각보다 높음이니라"(이사야 55:8-9). – 절대성
> "주께서는 못 하실 일이 없사오며 무슨 계획이든지 못 이루실 것이 없는 줄 아오니"(욥기 42:2). – 무소불능
> "슬프도소이다 주 여호와여 주께서 큰 능력과 펴신 팔로 천지를 지으셨사오니 주에게는 할 수 없는 일이 없으시니이다"(예레미야 32:17). – 전지전능
> "주의 영을 보내어 그들을 창조하사 지면을 새롭게 하시나이다"(시편 104:30). – 창조주

또 빛의 속도는 언제 누구에게나 동일한 값으로 측정된다는 유일성을 가지고 있는데, 성경에서는 다음과 같이 하나님의 속성을 말한다.

"예수께서 대답하시되 첫째는 이것이니 이스라엘아 들으라 주 곧 우리 하나님은 유일한 주시라"(마가복음 12:29). — 유일성

또 빛이 우주 전체에 편재해 있다는 무한성과 관련하면 다음과 같은 구절을 찾을 수 있다.

"여호와께서 이와 같이 말씀하시되 하늘은 나의 보좌요 땅은 나의 발판이니 너희가 나를 위하여 무슨 집을 지으랴 내가 안식할 처소가 어디랴"(이사야 66:1) — 편만성
"내가 주의 영을 떠나 어디로 가며 주의 앞에서 어디로 피하리이까 내가 하늘에 올라갈지라도 거기 계시며 스올에 내 자리를 펼지라도 거기 계시니이다 내가 새벽 날개를 치며 바다 끝에 가서 거주할지라도 거기서도 주의 손이 나를 인도하시며 주의 오른손이 나를 붙드시리이다"(시편 139:7-10).
— 무소부재

빛의 내부는 시공간의 개념을 넘어서는 영원한 현재의 영역이다. 이와 같은 하나님의 영원성은 다음의 구절에서 알 수 있다.

"하나님은 영이시니 예배하는 자가 영과 진리로 예배할지니라"(요한복음 4:24). — 영이신 하나님
"하나님이 모세에게 이르시되 나는 스스로 있는 자이니라

또 이르시되 너는 이스라엘 자손에게 이같이 이르기를 스스로 있는 자가 나를 너희에게 보내셨다 하라"(출애굽기 3:14).

　　　　　　　　　　　　　　　　　– 자존하시는 하나님

"여호와의 계획은 영원히 서고 그의 생각은 대대에 이르리로다"(시편 33:11). – 영원성

　참고로 하나님이 시간 밖에서 영원하시다는 점에 의거하여 인간의 자유의지와 하나님의 전지전능이 관련된 부분은 2장에 정리되어 있다. 마지막으로 무한성을 내포한 빛을 인간의 시공간 안에서 경험할 수 있다는 것은, 영원한 하나님이 성육신하여 인간의 모습으로 우리에게 다가오신 예수님의 모습과 매우 유사하다.

"말씀이 육신이 되어 우리 가운데 거하시매 우리가 그의 영광을 보니 아버지의 독생자의 영광이요 은혜와 진리가 충만하더라"(요한복음 1:14).

빛의 상반성과 이중성

　　　　　　　　　　　　　　빛이 모순인 것처럼 보이는 두 가지 상반되는 특성(유한성과 무한성, 물질성과 비물질성)을 모두 갖고 있다는 사실은, 빛이 입자이면서 동시에 파동이라는 빛의 이중성에서도 확인할 수 있다. 빛을 파동으로 이해해야만 설명이 가능한 실험들이

있었고, 동시에 빛을 입자로 생각해야만 설명이 가능한 실험들이 있었다. 이러한 빛의 파동성과 빛의 입자성은 각각 과학적으로 관측되고 증명된 사실이니, 물론 서로 모순은 아니다.

이것은 예수님은 인간이거나 아니면 하나님이어야지, 둘 다일 수는 없다고 생각하는 것과 비슷하다. 그러나 예수님은 완전한 인간인 동시에 완전한 하나님이다. 단지 인간의 이원론적 일상의 경험으로는 쉽게 이해가 되지 않고 모순처럼 느껴지는 것뿐이다. 마찬가지로 예수님은 시공간 안에 임하신 인간이시면서 동시에 영(성령)으로서 하늘과 땅에 편만하신 분이니, 이 두 가지 속성이 공존하는 것도 물론 가능하다. 어떤 때는 빛의 파동성이 측정되고 어떤 때는 입자성이 관측되듯이, 예수님도 사람의 인격을 가진 분으로서 소통이 가능하며(즉, 인간의 지정의로 경험이 가능하며), 동시에 하나님의 절대성 또한 지니고 있다.

물질적 빛과 영적인 빛에 관한 성경 구절 몇 개를 더 찾아보자.

"하나님이 이르시되 빛이 있으라 하시니 빛이 있었고"(창세기 1:3).

"하나님이 두 큰 광명체를 만드사 큰 광명체로 낮을 주관하게 하시고 작은 광명체로 밤을 주관하게 하시며 또 별들을 만드시고 하나님이 그것들을 하늘의 궁창에 두어 땅을 비추게 하시며 낮과 밤을 주관하게 하시고 빛과 어둠을 나뉘게 하시니 하나님이 보시기에 좋았더라"(창세기 1:16-18).

"그 안에 생명이 있었으니 이 생명은 사람들의 빛이라 빛이 어둠에 비치되 어둠이 깨닫지 못하더라"(요한복음 1:4-5).

"우리가 그에게서 듣고 너희에게 전하는 소식은 이것이니 곧 하나님은 빛이시라 그에게는 어둠이 조금도 없으시다는 것이니라"(요한1서 1:5).

앞에서 논의한 초신성의 예에서도 보았듯이, 빛은 시간 안에서 경험되어지는 물질적인 존재이면서, 동시에 시간을 초월한 비물질적 존재이다. 그래서 빛이 우리에게 주어져서 모든 생명체가 그 몸(흙)의 생명을 유지할 수 있음은 큰 축복이다. 마찬가지로 빛 되신 예수님이 시공간 안에서 인간과 영적 생명의 관계를 유지할 수 있다는 것은 복 위에 복, 가장 큰 복이다.

"주께서 옷을 입음 같이 빛을 입으시며 하늘을 휘장 같이 치시며"(시편 104:2).

"오직 그에게만 죽지 아니함이 있고 가까이 가지 못할 빛에 거하시고 어떤 사람도 보지 못하였고 또 볼 수 없는 이시니 그에게 존귀와 영원한 권능을 돌릴지어다 아멘"(디모데전서 6:16).

어둠은
무엇인가?

빛의 부재

                    인간은 대부분 어둠을 싫어한다. 그래서 어둠을 이기려고 꾸준히 노력해왔고, 결국 에디슨이 발명한 것으로 알려져 있는 전구의 발명을 통해 그것이 현실화되었다. 이러한 기술의 발달로 현대인에게는 어둠에 대한 두려움이 많이 사라졌다. 그런데 눈에 보이는 빛으로 어둠을 해결하고 나니, 한편으로 영원한 빛에 대한 기대도 사라진 것은 아닌지 모르겠다.

    사실 빛과 어둠은 서로 상반된 개념이 아니다. 정확하게 빛과 반대되는 것은 없다. 보통은 어둠이라고 생각하겠지만, 사실 어둠은 '빛의 부재'라고 보는 것이 더 정확하다. 즉 어둠은 빛의 반대가 아니라 빛의 부재이다. 만일 빛과 어둠이 대립적인 개념이라면 한쪽이

다른 한쪽을 완전히 소멸시킬 수 있어야 하지만, 그것은 어느 쪽으로도 불가능하다.

빛이 물체에 비치면 그림자가 나타나고 어둠이 생긴다. 물론 이 어둠과 그림자는 오직 이 땅에서만 생기고 땅에서만 볼 수 있다. 하늘에는 그림자가 없다. 마치 사방에서 빛을 비추면 오히려 그림자가 거의 생기지 않는 것처럼 말이다. 이와 같이 땅에서는 물질적인 빛이 그림자를 만들지만, 하늘의 영적인 빛에는 그림자가 전혀 없다("온갖 좋은 은사와 온전한 선물이 다 위로부터 빛들의 아버지께로부터 내려오나니 그는 변함도 없으시고 회전하는 그림자도 없으시니라", 야고보서 1:17). 그렇기에 하나님은 그림자가 없는 영원한 빛이시다.

그런데 이 하나님에 반대되는 것이 있을까? 사탄 또는 악이라고 한다면, 악은 선의 반대가 아니라 도리어 선의 부재라고 성 어거스틴은 말했다. 하나님은 빛이시며 동시에 어둠이 전혀 없으신 분이다("우리가 그에게서 듣고 너희에게 전하는 소식은 이것이니 곧 하나님은 빛이시라 그에게는 어둠이 조금도 없으시다는 것이니라", 요한1서 1:5).

보이는 것만이 다는 아니다

한 가지 흥미로운 것은 빛은 보는 것과 관련이 있다는 것이다. 우선 시각을 통해 보는 과정에 대해 생각해보자. 본다는 것은 다음과 같은 과정을 거쳐 이루어진다. 어떤 물체에 반사된 가시광선이 렌즈 역할을 하는 눈의 각막을 통해 들어와서 스크린 역할을 하는 망막에 맺히면, 빛을 감지하는 망막 위의 시세포가 입사되는 빛을 전기적인 신호로 바꾸어준다. 이렇게 시세포에서 생성되는 전기적인 신호들은 시신경 섬유 다발에 의해 모아져 뇌로 전달된다. 뇌에 전달된 전기적인 시각 정보는 시각을 담당하는 뇌에서 처리되고, 영상으로 전환되어 인식이 이루어지는 것이다.

물론 우선 빛이 없으면 볼 수도 없다. 그런데 빛이 있더라도 사람의 눈에는 보이는 것은 극히 일부분인 가시광선 영역뿐이다. 더구나 눈의 상태나 착시 현상에 따라 사물이 왜곡되어 보이기도 한다. 또 뇌의 인지작용에 따라 다르게 이해되거나 착각하기도 한다. 이는 우리가 인식하고 있는 세계가 실제로 존재하는 세계와 얼마나 다를 수 있는지를 보여주는 단적인 예이기도 하다. 눈에 보이는 것이 다가 아니라는 것을 우리는 경험적으로 알고 있는 것이다.

그러니 '보는 것이 믿는 것이다'라는 말이 항상 맞는 것은 아니다. '보는 것'이 실제로 존재하는 실상의 일부분일 수도 있고, 눈에 보이는 영역 너머에 보이지 않는 실체가 있을 수도 있기 때문이다. 따라서 하나님이 눈에 보이지 않는다고 해서 존재하지 않는다고 말할 수 없다. 혹자는 "하나님이 존재한다면 내 앞에 보여야지"라고 말하지만, 만일 하나님이 실제로 그 앞에 나타난다면 하나님의 영광과 거룩함의 큰 빛 앞에서 모든 인간의 눈은 곧 멀어버리게 될 것이다. 그러니 하나님이 우리 눈에 보이는 우상으로 나타나지 않고, 눈에 보이지 않는 영으로, 사랑으로 찾아오시는 것은 오히려 매우 다행스러운 일이다.

말씀(빛)으로 이기는 세상의 어둠

한편 이러한 시각의 불완전성에도 불구하고 인간은 주로 보는 것에 의존한다. 일반적으로 사람들이 외부로부터 얻는 정보의 80% 이상이 시각을 통해서 얻어진다고 하니, 시각은 오감 중에서도 우리의 일상생활에서 가장 중요한 역할을 하는 감각이다.

나아가 인간의 시각은 생각과 행동에도 지대한 영향을 미친다. 예컨대, 창세기 3장의 에덴동산에서 인류가 처음 범한 원죄는 눈을 통한 시각에 의해 많은 세상의식, 즉 땅에 속한 의식을 공급받아 이루어졌다는 것을 알 수 있다("여자가 그 나무를 본즉", 창세기 3:6a).

하와의 시각을 통해서 들어온 의식은 '먹음직하고 보암직'하다는 의식이었다("먹음직도 하고 보암직도 하고 지혜롭게 할 만큼 탐스럽기도 한 나무인지라", 창세기 3:6b). 그런데 '먹음직, 보암직'이라는 구절에서 '직'이라는 접미사는 거짓되고 미혹된 감을 의미하는 것이니, 하와는 땅에 속한 뱀의 말을 듣고 난 뒤 생긴 자기의 감각에 스스로 속은 것이다. 원래 하나님의 말씀에 의하면 선악과는 먹음직한 것도 아니고 보암직한 것도 전혀 아닌데, 매일 눈에 보이는 것으로 자기의 의식을 채우다 보니 어느 날 갑자기 그런 거짓된 감각과 잘못된 생각이 나타난 것이다.

이를 통해서 우리는 사람은 눈으로 정보를 얻어야 함과 동시에 매일 눈을 감는 훈련도 필요하다는 것을 알 수 있다. 기도라는 육의 눈을 감는 훈련을 통해 세상의 빛을 차단하고 내 안에 계신 하나님의 빛을 비춰야 각자 내면 안의 어둠을 이길 수 있다. 그러다 보면 영의 눈으로 볼 수 있는 보이지 않는 세계가 열리게 되고, 외부로부터 들어온 온갖 의식(영)을 내 안에서 정리하고 청소할 수 있다.

이런 과정이 없으면 하와와 같이 어느 날 나도 모르게 내 생각과 감정에 속고 만다(사실 하와도 아담을 통해서 "하나님이 선악과를 먹지 말라"고 하셨다는 지식과 교리는 갖고 있었지만, 자기의 평소 의도나 각오와는 달리 중요한 순간에 결국 뱀의 말에 속고, 스스로 생각에 넘어간 것이다). 땅에 속한 세상의 말이 드리우는 그림자와 어둠에 의해 내 안에 빛으로 임하신 하나님의 말씀이 가리워져, 그 순간 하나님이 없는 것처럼, 안 보이는 것처럼 후회할 행동을 하게 되는 것이다. 그만큼 세상의 빛을 차단하고 세상의 어둠을 하나님의 말씀(빛)으로 이기는 훈련과 연습은 우리 모두의 영적 성장 과정에서 선택이 아닌 필수 과목이다.

"네 몸의 등불은 눈이라 네 눈이 성하면 온몸이 밝을 것이요 만일 나쁘면 네 몸도 어두우리라 그러므로 네 속에 있는 빛이 어둡지 아니한가 보라 네 온몸이 밝아 조금도 어두운 데가 없으면 등불의 빛이 너를 비출 때와 같이 온전히 밝으리라 하시니라"(누가복음 11:34-36).

그림자 인생을 어떻게
벗어날 수 있을까?

영원한 빛으로 그림자에서 벗어나기

　　　　　　　　　　　　모든 물체는 빛(실상)이 비추어야 그림자(현상)가 생긴다. 그림자는 스스로 존재할 수는 없지만 눈에 보이고 때로는 움직이기도 하므로 엄연히 존재한다고 할 수 있다. 한편 그림자는 빛에 의해서 생겨나지만, 빛은 아니다. 그렇다고 어둠(빛이 없는 상태)도 아니다. 왜냐하면 빛이 사라지면 그림자도 함께 사라지기 때문이다. 그러므로 그림자는 빛과 어둠 사이의, 일종의 중간 형태라 할 수 있다.

　땅의 모든 피조물은 스스로 존재할 수 없는 그림자와 같이 창조되었다. 창세기 1장 2절은 땅의 본질을 "혼돈하고 공허하며 흑암이 깊음 위에 있고"라고 묘사한다. 여기에 하나님이 "빛이 있으라"(창세기

그림자는 스스로 존재할 수 없으며 빛을 비추어야 생긴다.

1:3)고 말씀으로 명령하시면서 모든 만물을 창조하신 것이다. 즉, 이 세상 만물은 모두 공허[또는 무(無)]와 흑암이라고 하는 스크린에 하나님의 말씀의 빛으로 생겨난 그림자이다. 본질상 그림자인 모든 만물은 스스로 존재하는 것이 아니라 오직 말씀의 빛에 의해 붙들려 그 형체를 한시적으로 유지하는 것이다. 이것을 히브리서 1장 3절은 "그의 능력의 말씀으로 만물을 붙드시며"라고 선언한다.

인간이 살아가는 이 세상도 빛과 어둠 사이의 그림자 세상이다. 빛으로 되어 있는 천국의 그림자와 흑암으로 되어 있는 지옥의 그림자가 서로 만나는 중간 지대인 것이다. 또한 우리의 인생도 이러한 그림자 인생이다. 그렇기에 이 땅의 삶은 천국도 아니요, 그렇다고 지옥도 아니다. 누구나 살면서 천국을 경험할 수도 있고 지옥을 경험할 수도 있지만, 실제로 우리의 삶에서 아무리 좋은 경험들을 다 합쳐도 천국이 될 수는 없고, 또 나쁜 경험들을 다 모아도 지옥이 되지는 않는다. 삶은 단지 천국과 지옥의 그림자가 늘 공존하는 스크린일 뿐이다.

그렇지만 이 땅에서 그림자만 상대하고 사는 사람들은 세상에 나타난 그림자를 영원한 것이라 생각하고, 열심히 그것들을 쫓아간다. 그림자가 진짜인 줄 알고 다른 그림자들을 조합하여 좀 더 크고 멋진 그림자를 만들려고 한다. 그러나 아무리 좋아 보이는 것을 다 모아도 그것은 여전히 시간과 공간 안에서 변하는 또 다른 그림자일 뿐이다. 이렇게 그림자만을 찾느라 애쓰면 마지막에 허무와 공허만 남게 된다. 결국 솔로몬과 같이 창조 이전의 땅의 본질인 공허와 흑암의 상태를 누구나 느끼게 되는 것이다.

말씀의 빛으로 살기

우리의 인생은 그림자다. 그래서 인생의 모든 문제는 결국 그림자를 어떻게 처리하느냐의 문제이다. 즉 그림자의 크기가 작거나, 모양이 일그러졌거나, 윤곽이 희미한 것이 문제이다. 그런데 이러한 그림자의 문제를 어떻게 해결할 수 있을까. 그 답은 오직 그림자의 근원인 빛을 상대해야 한다는 것이다. 그림자의 문제는 흑암이나 다른 그림자로는 해결되지 않는다.

예컨대 그림자의 크기와 선명도는 빛과의 거리와 밝기에 따라 달라진다. 빛이 비치는 방향에 따라 그림자의 모양도 달라진다. 따라서 모든 그림자의 문제는 근본적으로 빛을 통해서만 해결될 수 있으며, 모든 인생은 먼저 빛을 상대해야 한다. 그래서 시편 39편 6-7절에서 다윗은 다음과 같이 고백한다. "진실로 각 사람은 그림자 같이 다니고 헛된 일로 소란하며 재물을 쌓으나 누가 거둘는지 알지 못하나이다 주여 이제 내가 무엇을 바라리요 나의 소망은 주께 있나이다."

그림자 인생(현상)은 빛(실상)을 상대하면서 비로소 온전해질 수 있다. 빛을 상대한 인생은 자신의 몸과 그에 속한 모든 그림자가 사라져도 결코 공허나 흑암이 되지 않는다. 왜냐하면 빛은 그림자를 만들지만 동시에 에너지를 전달하는 역할도 하기에, 우리가 흙을 입고 사는 동안 그 빛으로부터 받은 따스함, 즉 사랑이 남기 때문이다.

인간은 그림자로 사는 것이 아니라 하나님의 말씀의 빛으로, 하나님의 사랑으로 살도록 창조되었다. 그러므로 내게 속한 모든 세상의 그림자들을 없는 것같이 여길 수 있는, 그래서 날마다 먼저 빛을 상대할 수 있는 능력을 구하는 것이 필요하다. 하나님의 영원한 빛(사랑)을 상대할 때 우리 주위의 일그러진 그림자들을 고쳐줄 수 있고, 나와 반대되는 모양의 그림자 인생들도 품을 수 있게 된다. 우리의 몸이 땅의 흙으로 돌아가기 전에, 그림자에 속아서 인생의 쓰레기가 더 이상 쌓이기 전에 미리미리 하나님의 빛으로 그림자 인생을 처리해가자.

"그가 빛 가운데 계신 것 같이 우리도 빛 가운데 행하면 우리가 서로 사귐이 있고 그 아들 예수의 피가 우리를 모든 죄에서 깨끗하게 하실 것이요"(요한1서 1:7).

시공간 안에서 어떻게
영원을 살 수 있을까?

빛은 절대자의 또 다른 표현

"태초부터 있는 생명의 말씀(로고스, 빛)에 관하여는 우리가 들
은 바요 눈으로 본 바요 자세히 보고 우리의 손으로 만진 바
라"(요한1서 1:1).

위의 성경 말씀에 의하면 우리는 빛 되신 주님을 직접 경험할 수
있다. 성경은 위와 같이 하나님의 말씀(빛)을 한 인격체로 묘사하면
서, 사람을 대하듯 인간의 감각으로 듣고 보고 만질 수 있다고 설명
한다. 사실 성경에서 말씀은 예수님을 의미하므로 말씀을 인격으로
묘사하는 것은 전혀 어색하지 않다. 예컨대 "말씀이 육신이 되어 우

리 가운데 거하시매 우리가 그의 영광을 보니 아버지의 독생자의 영광이요 은혜와 진리가 충만하더라"(요한복음 1:14)라거나 "그가 그의 말씀을 보내어 그들을 고치시고 위험한 지경에서 건지시는도다"(시편 107:20) 등의 구절을 보면 알 수 있다.

물론 하나님은 몸이 없는 영적 존재이니 직접 오감으로 알 수는 없다. 그러나 우리는 그 말씀(빛) 안에 담겨 있는 그분의 인격을 부분적이나마 느끼고 경험할 수 있다. 사실 여기에서 본다는 표현은 직접 눈으로 본다는 의미도 있겠지만 간접적으로 이해하고 깨닫는다는 뜻도 포함되어 있다('이해한다'라는 단어는 헬라어로 noeo인데, 이는 보는 것을 통해서 마음으로 감지하고 지각하는 것을 의미한다).

이미 앞에서 시각 작용에 대해 언급했듯이, 우리가 어떤 물체를 본다는 것은 물체에 의해 반사된 빛을 눈과 뇌에서 전달받아 인식하는 것이다. 따라서 인간은 빛 자체를 직접 볼 뿐만 아니라 그 빛을 통해서 간접적으로 주위의 만물을 보게 되는 것이다. 이것이 빛의 속성이자 또한 사람이 빛을 경험하는 통로다.

영국의 유명한 기독교 저술가이자 기독교 사상가였던 루이스(C. S. Lewis)는 이러한 빛의 특성을 다음과 같이 표현하였다. "나는 아침에 해가 뜨는 것을 보는 것처럼 기독교를 믿는다. 이는 내가 그것을 볼 수 있기 때문만이 아니라 그것 때문에 다른 것을 볼 수 있기 때문이다."

흥미롭게도 여기에는 빛에 대한 직접 경험과 간접 경험이 모두 포함되어 있다.

나아가 우리는 영적인 빛을 통해서 하나님을 직접 경험하기도 하고, 빛의 부재를 통해서 간접적으로 어둠을 경험하기도 한다.

"진리를 따르는 자는 빛으로 오나니 이는 그 행위가 하나님 안에서 행한 것임을 나타내려 함이라 하시니라"(요한복음 3:21).

"그 정죄는 이것이니 곧 빛이 세상에 왔으되 사람들이 자기 행위가 악하므로 빛보다 어둠을 더 사랑한 것이니라"(요한복음 3:19).

빛 되신 하나님 안에서 사는 인생

빛의 속성을 알려주는 단어 중에는 룩스(Lux)라는 표현이 있는데 이는 빛 그 자체를 의미한다. 이 단어는 근원적인 빛이면서 빛의 원천이신 하나님(예수님)을 의미하기도 하는데, 여기에는 조명해준다, 밝혀준다, 깨우쳐준다라는 의미도 있다. 반면 루멘(Lumen)이라는 단어가 있는데, 이 단어는 물체에 반사된 빛과 같이, 빛을 받아 다시 빛나게 해주는 2차적인 빛을 뜻한다. 따라서 루멘은 예수님의 사도들, 제자들, 기독인들을 비유하는 개념으로도 볼 수 있을 것이다. 즉, 조명을 받아 깨닫게 되어, 그 깨달음을 다른 사람과 나누는 작은 조명과 같이 말이다. 또는 근원적인 빛을 받아 저장했다가 다시 뿜어내는 형광물질과도 같다고 할 수 있다. 물론 이 경우에도 근원적인 빛이 필요한 것은 당연하다.

루이스가 언급한 것처럼 빛에는 원천적인 빛(태양)이 있고, 그로 인해 사물을 볼 수 있는 2차적인 반사된 빛이 있다. "그 안에 생명이 있었으니 이 생명은 사람들의 빛이라 빛이 어둠에 비치되 어둠이 깨닫지 못하더라"(요한복음 1:4-5). 특히 5절의 "어둠이 깨닫지 못하더라"라는 구절은 새번역으로는 "어둠이 그 빛을 이기지 못하였다"라고 되어있다. 즉 근원된 빛으로 어둠을 이길 수 있음을 말한다.

공허와 혼돈과 흑암인 이 땅에 빛과 생명을 주려고 찾아오신 큰 빛이 있다("예수께서 또 말씀하여 이르시되 나는 세상의 빛이니 나를 따르는 자는 어둠에 다니지 아니하고 생명의 빛을 얻으리라", 요한복음 8:12). 그 빛은 바로 예수님이다. 또한 그 빛 안에는 생명이 있었으며 그 생명은 사람의 빛이었다("그 안에 생명이 있었으니 이 생명은 사람들의 빛이라", 요한복음 1:4). 특히 말라기 4장 2절에서는 예수님을 은혜의 해(태양)라고 은유적으로 부른다("내 이름을 경외하는 너희에게는 공의로운 해가 떠올라서 치료하는 광선을 비추리니 너희가 나가서 외양간에서 나온 송아지 같이 뛰리라").

요컨대 그분이 태양이라면 우리는 달이다. 달은 빛의 근원은 아니지만 태양이 발산하는 빛을 반사하여 얻는 작은 빛으로나마 지구를 밝힐 수 있다.

이렇게 예수님은 우리로 하여금 그분의 빛을 세상에 나타내기를 원하신다("너희는 세상의 빛이라 산 위에 있는 동네가 숨겨지지 못할 것이요", 마태복음 5:14).

"우리가 그에게서 듣고 너희에게 전하는 소식은 이것이니 곧 하나님은 빛이시라 그에게는 어둠이 조금도 없으시다는 것이니라"(요한1서 1:5).

"이는 우리 하나님의 긍휼로 인함이라 이로써 돋는 해가 위로부터 우리에게 임하여 어둠과 죽음의 그늘에 앉은 자에게 비치고 우리 발을 평강의 길로 인도하시리로다 하니라"(누가복음 1:78-79).

빛 되신 하나님을
어떻게 세상에 비출 것인가?

생명의 빛이 드러나는 인생

"너희는 세상의 빛이라 산 위에 있는 동네가 숨겨지지 못할
것이요"(마태복음 5:14).

우리는 2부에서 삼위일체 하나님에 대해서 알아보았다. 태초에 천
지를 창조하신 아버지 하나님, 막혀 있는 하늘과 땅을 연결하는 길
을 뚫으려고 땅에 오신 아들 하나님, 그리고 인간의 흙 속에 남아 있
는 땅의 잔재를 하늘로 충만케 하시기 위해 오늘도 임하시는 성령
하나님이다.

과거에 어떤 이는 비록 제한된 의미로나마 하나님의 이런 삼위일

체 속성을 태양에 비유하기도 했다. 햇빛의 근원으로서 태양 자체가 있고, 태양에서 발산되어 전달되는 빛이 있고, 햇빛이 남겨주는 따스한 온기가 있는 것이다. 그러나 서로 분리할 수 없는 세 가지 요소가 있다는 점에서는 맞지만, 태양의 비유로는 여전히 삼위일체의 신비를 설명하기에는 한계가 있는 것 같다.

햇빛이 지구에 도달하려면 중간에 있는 태양계 사이를 통과해야 한다. 그런데 우주 공간이 칠흑같이 어두운 이유는 그 사이에 빛을 반사할 수 있는 물질이 거의 하나도 없기 때문이다(우주 공간에는 대략 $1m^3$의 공간에 단지 몇 개의 입자가 있을 뿐이다). 저녁놀이나 푸른 하늘이 보이는 이유는 대기 중에 무수히 많은 공기 분자들에 의해 빛이 반사되기 때문이다. 그러니 반사체가 없는 한 우주 공간에서는 햇빛의 존재를 알 수 없으며, 나아가 햇빛이 존재하지 않는다고까지 오해할지도 모른다(물론 엄청난 세기의 햇빛이 눈에 들어오면 아마 눈이 멀게 되어 그 존재를 더 이상 볼 수 없을 것이다. 하나님의 거룩한 영광의 빛 앞에 직접 선다면 누구라도 그 눈이 멀게 될 것이기 때문이다). 즉 빛의 존재를 보이려면 어떤 형태로든 물질적인 반사체가 있어야 한다.

이것이 하나님이 인간의 몸 안에 빛으로 찾아오셔서 내 속을 밝히시고, 나아가 우리 몸을 그분이 나타나는 반사체로 삼으시려는 그분의 의도가 아닐까 한다. "너희는 세상의 빛이라"(마태복음 5:14a)라는 구절과 "예수께서 또 말씀하여 이르시되 나는 세상의 빛이니 나를 따르는 자는 어둠에 다니지 아니하고 생명의 빛을 얻으리라"(요한복음 8:12)를 통해 알 수 있듯이 말이다.

그런데 우리가 빛을 반사하고 빛을 발하기 위해서는, 무엇보다 먼저 빛이 내 안에 임하고 그 빛을 경험하여야 한다("네 온몸이 밝아 조금도 어두운 데가 없으면 등불의 빛이 너를 비출 때와 같이 온전히 밝으리라 하시니라", 누가복음 11:36).

그러니 먼저 받아야 한다. 빛의 온기를 받아야 다른 사람에게 그 온기를 전해줄 수 있다. 물론 받은 온기가 식기 전에 함께 나누는 것이 중요하다. 그런데 받으려면 내가 비워져서 채울 공간이 있어야 한다. 사실, 성령이 인간 내면에 찾아오셔서 하시는 일이 바로 이 '버리게 하는 것'이다. 우리가 스스로 버리지 못하고, 내려놓지 못하고, 죽지 못하니, 성령이 찾아와 내 안에 가득 찬 세상의 빛을 버리도록 돕고, 내 자아가 죽을 수 있도록 우리를 사랑으로 이끄는 것이다.

빛으로 사는 삶

빛으로서 사는 삶이란 세상의 어둠 가운데서 성도 안의 빛이 드러나는 삶이다. 사실 인간이 몸(흙)을 입고 있다는 것은 빛을 반사할 수 있는 존재라는 의미이기도 하다. 물론 이 빛은 인간 내면에 찾아온 영원한 빛이신 하나님(성령)을 말한다. 그런데 이 빛은 모든 피조물 중에 오직 인간의 몸 안에만 존재하기 때문에, 사람만이 이 빛의 반사체가 될 수 있다.

그런데 내 안에 이 빛이 있다고 하더라도 그를 감싸는 몸(육)이 너무 두꺼우면 그 빛은 여전히 가려지게 되어 몸 밖으로 드러나지 못한다. 여기서 몸(육)이라는 의미는 하나님의 말씀 인격에 반하는 육적인 삶, 자기중심적 생각 등, 세상(땅)에 속한 모든 의식과 행동을 의미한다("이는 세상에 있는 모든 것이 육신의 정욕과 안목의 정욕과 이생의 자랑이니 다 아버지께로부터 온 것이 아니요 세상으로부터 온 것이라", 요한1서 2:16).

이렇게 내 안에 찾아온 빛과 생명이 인간의 몸, 특히 그 인격(지정의)을 통해서 밖으로 빛이 드러나는 것을 은사(spiritual gift)라고 한다. 예컨대 내 안의 성령이 내 생각을 통해서 드러나는 것이 지식과 지혜의 은사다. 내 안의 성령의 사랑이 내 감정을 통해서 위로와 권위의 은사로 나타난다. 내 안의 성령의 능력이 내 행동을 통해서 치유의 은사와 믿음의 은사로 역사한다.

다시 언급하지만, 내 안의 성령을 둘러싸고 있는 육이 약해져야 이런 드러남이 가능하다. 내 육이 강하고 두꺼우면 내 안의 빛은 나타나지 못한다. 혹시 자기 스스로 만든 가짜 빛을 드러내려 한다면, 비록 내 이웃은 그 빛으로 말미암아 유익을 얻을 수도 있겠지만, 정작 나에게는 육이 더욱 강화되고 있는 것이니, 멸망의 길을 재촉하는 것인지도 모른다.

일어나 빛을 발하라

인간의 몸(육) 내면에 하나님이 영으로 찾아오시는 것은 정말 엄청난 사건이다. 오셔서 그냥 팔짱 끼고 계신 것이 아니라 나의 육이 죽고 하늘의 것으로 내 안을 더 채울 수 있도록 돕기 위해서, 수면 위에 운행하시는 것(창세기 1:2b)처럼 내 안에서 항상 대기 상태로 임재하고 계신다.

이렇게 버리고 채워지는 말씀의 역사가 나타나면 내 안의 빛은 자연스럽게 내 몸과 인격을 통해 드러나게 된다. 내 안의 빛을 내가 경험하니 나도 변하고, 내 안의 빛이 밖으로 드러나 전달되니 이웃에게도 빛이 되는 삶이 된다.

따라서 이 모든 것을 이루시는 것은 오직 알파와 오메가이신 삼위일체 하나님이다. 그걸 위해 내가 어떤 노력으로 기여한 바는 전혀 없다. 단지 하나님의 역사를 내 생각으로 방해만 하지 않은 것뿐이고, 내 몸을 망가지지 않도록 몸을 잘 관리하고 건강하게 보존하여, 하나님의 보배로운 성전으로 사용되도록 내어드린 것뿐이다.

창조주 하나님과의 동행을 통해 빛이 드러나는 삶을 사는 것이 우리의 인생이다. 이것이 하나님이 인간을 특별히 창조하신 이유이고, 교회와 성도가 가져야 할 삶의 본분이 아닐까 한다.

하나님으로부터 잘 받아서 잘 주자. 누구나 받아야 줄 수 있다. 하나님은 받지 않고 준다고 해서 잘했다고 칭찬하지 않으신다. 어두운 방에서 촛불을 켤 때, 어둠 속에 비치는 그 촛불을 볼 뿐 아니라 그 촛불로 어두운 방을 밝힐 수 있는 빛이 되게 하신다. 햇빛을 받아 반사하는 달과 같이 사는 삶, 작은 별빛으로 어둠의 길을 안내해주는 영원한 빛의 길잡이가 되는 삶, 이것이 세상의 빛으로 사는 인생이 아닐까 한다. 하나님은 여전히 어둠과 공허와 혼돈과 깊음 가운데 있는 인생들을 위하여 교회와 성도가 하늘 생명의 빛을 받아 반사하기를 원하신다. 바로 지금이 그때가 아닌가 싶다. 일어나라, 빛을 발하라!

> "이같이 너희 빛이 사람 앞에 비치게 하여 그들로 너희 착한 행실을 보고 하늘에 계신 너희 아버지께 영광을 돌리게 하라"(마태복음 5:16).
> "일어나라 빛을 발하라 이는 네 빛이 이르렀고 여호와의 영광이 네 위에 임하였음이니라"(이사야 60:1).

시공간 안에서 하나님과 동행하기

저는 대학 1학년 때 예수님을 개인적으로 만나기 전에는 종교에 관심이 없었고 교회도 다니지 않았으며, 자기중심적이고 자아가 강한 편이었습니다. 그렇지만 스스로를 '괜찮은 사람'이라고 생각했습니다. 그러다 동네 교회를 처음 나간 지 2달 만에 수련회에 참석하게 되었습니다. 그리고 둘째 날 저녁 집회 시간에 성령께서 강권적으로 기도하게 하는 역사를 체험하게 되었습니다. 그때 인생의 진정한 의미를 깨닫게 되었고, 삶에 대한 태도도 달라졌지요.

이후 저는 학업에 충실할 뿐 아니라 교회에서 봉사하고 거리 전도도 하며 신앙생활에 열심을 다했습니다. 그러면서 여전히 '나는 괜찮은 사람'이라는 생각이 더욱 굳어지게 되었습니다. 그러나 저를 부르신 하나님은 제 자신의 자아와 교만을 그대로 두지 않으셨지요. 바울과 같이 한순간에 모든 것이 바뀐 것은 아니었지만, 오랜 시간을 두고 오래 참으며 다루셨습니다.

그러던 중 제 삶의 방향과 자세를 다시 한번 뒤바꾼 사건이 일어났습니다.

평범하고 부족한 저를 30대 초에 모교 교수로 보내신 것은 하나님이셨고, 오직 하나님의 전적인 은혜였습니다. 평신도 선교사로 부르셨음을 고백하며 무릎 꿇는 감격적인 시간도 있었습니다. 그러나 신임 교수로서의 새로운 캠퍼스 생활은 저에게 많은 도전과 부담이었습니다. 그렇기에 나름대로 그리스도인 학자로서 본을 보여야 한다는 사명감에 휩싸여 강의와 연구로 매일 눈코 뜰 새 없는 바쁜 날들을 보냈습니다.

그런데 그러다 보니 어느새 저의 기도 내용은 점차 이기적으로 변했고, 내가 하는 일이 곧 하나님의 일이 되기를 바라면서 점점 더 자신의 일에만 몰두하게 되었습니다.

2001년 초, 그렇게 지내온 첫 10년간의 학교생활을 문득 돌이켜보니 최선을 다해 연구와 신앙생활을 해왔다는 자부심에도 불구하고 그때까지 제게는 하나님께 드릴 수 있는 열매가 아무 것도 없다는 것을 깨닫게 되었습니다. 예수님의 저주를 받은, 열매는 없고 잎사귀만 무성한 무화과나무가 바로 저의 영적인 모습이라는 것을 발견했던 것입니다.

그러던 중 어느 주일 오후 예배 시간에 캐나다 선교사님의 설교에서 다음과 같은 내용을 접하게 되었습니다.

"어느 50대 초반의 남자 집사님이 설교 후 기도 시간에 갑자기 앞으로 나오셔서 땅을 치고 떼굴떼굴 구르면서 통곡을 하는 것이었습니다. 알고 보니 그분은 30대 초의 나이에 하나님께 헌신했는데 그동안 생업으로 바쁘게 지내며 그 약속을 잊고 살아왔습니다. 그런데 그 집회 시간에 훌쩍 50대가 되어버린 자신의 모습을 발견하고는 하나님 앞에서 깊이 회개한 것입니다".

그 말씀을 들을 때 갑자기 성령의 감동이 밀려왔습니다. "네가 계속 네 방법대로 앞으로 10년을 산다면 너는 그 집사와 똑같이 아무 열매도 없을 것이며, 그 50대 초반 집사의 모습이 바로 10년 후의 네 모습이 될 것이다"라고 안타까워하는 성령의 마음이 강력하게 전해져온 것입니다.

이것은 저에게 엄청난 큰 충격으로 다가왔습니다. 그런데 그에 이어 제 마음에 한 가지 더 울림이 있었습니다. 그것은 "그 집사와 달리 너는 그 사실을 10년 미리 알게 되었으니 감사한 일이 아닌가" 하는 것이었습니다. 저는 그 예배시간 내내 예배를 제대로 드리기 어려울 정도로 통회의 눈물을 흘렸습니다. 그리고 저를 다시 사랑의 음성으로 불러주신 하나님께 마음 깊이 감사드렸습니다. 또한 그날 이후로는 오직 하나님께서 인도하시는 대로만 복종하며 살겠다고 결단하고 다시 새벽기도회를 나가기 시작했습니다.

하나님은 이 계기를 통해 온전한 기도의 자세에 대해 알게 하시면서 저를 바꿔가기 시작하셨습니다. 저는 곧 기도가 영혼의 구원과 성화에 무엇보다 중요하다는 사실을 점차 깨닫게 되었습니다. 기도는 단지 문제 해결을 위한 일시적 도구나 선택사항이 아니라, 나 자신이 깨어지는 과정이고, 십자가로 훈련되는 좁은 길이며, 끝까지 믿음으로 사는 데 있어서 반드시 거쳐야 하는 것임을 체험하게 된 것입니다.

그렇게 정기적으로 일정한 시간과 장소에서 기도하는 생활을 지속하면서 나름대로 기도하는 사람이라고 자부하며 살던 어느 날이었습니다. 하나님께서는 제가 좀 더 기도하길 원하신다는 생각이 떠

올랐습니다. 사실 그때는 "별 생각이 다 드네"라고 의아해했습니다. 다른 건 몰라도 기도만큼은 꾸준히 잘하고 있다고 생각했기 때문입니다. 그러나 사실 그러한 생활에도 불구하고 저의 자기중심적인 성향과 욕심은 여전히 변하지 않았고, 예수님의 모습과는 더더욱 거리가 먼 것이 사실이었지요.

그래서 어쩌면 하나님께 더 깊게 나아가는 기회일지 모른다는 기대와 순종의 마음으로 기도하기 시작했습니다. 눈만 감으면 속에서 끝없이 밀려오는 잡념을 이기고, 쏟아지는 졸음과 싸우면서, 주어진 기도 시간 동안 끝까지 인내하는 자세도 훈련하게 되었습니다. 그리고 이렇게 기도하는 가운데 예수님께 더욱 집중하게 되었고, 성령이 충만해짐과 함께 영적인 자유까지 깊이 느끼게 되면서, 예전에는 느끼지 못하던 내적 변화를 조금씩 감지하게 되었습니다.

물론 몸도 피곤하고 할 일도 많은데 구태여 이렇게까지 할 필요가 있을까 하며 기도의 자리를 피하고 싶은 생각이 들 때도 있었지만, 신기하게도 몇 시간의 기도가 전혀 괴롭지 않았으며 기도는 도리어 영적인 힘을 얻고 믿음이 자라는 기회가 되었습니다. 더욱 달라진 것은 지금까지 신앙생활을 하면 할수록 나도 모르게 내 안에 자리 잡았던 자부심과 욕심과 교만이 진정한 기도를 통해 점차 희미하게 사라져간다는 사실이었습니다. 기도야말로 나를 버릴 수 있는 가장 귀한 도구라는 것을 발견할 수 있었습니다.

이제는 기도가 그 무엇보다 가장 우선이고 소중하며 기다려지는 기쁨의 시간이 되어가고 있습니다. 기도할수록 "깨어 있어 기도하라"라는 주님의 말씀이 더욱 마음에 새겨집니다. 내 몸을 지성소 삼으신 그 하나님이 기도의 시공간을 통해서 나를 만나주시고 동행하시는 것이 감사할 따름입니다.

바로 이것이 요즘 기도를 통해서 얻게 되는 제 후반기 인생의 보너스입니다. 그리고 지금이야말로 교회와 성도가 육과 그림자를 벗어나 깨어 기도할 때가 아닌가 합니다.

교회에 대한
오해를 풀어주는
진짜 교회론

당신이 새롭게 믿는다면

박광리 지음 | 14,800원

'사랑 부재' '공감 부재' '참신앙 부재'의 시대
힘들고 지친 그리스도인을 향한 회복과 위로의 메시지!

'가나안 성도' '선데이 크리스천' '전도 거부 카드'. 한국 교회가 처
한 현실을 단적으로 보여주는 현상들이다. 왜 이런 일이 벌어졌
을까? 이런 시대 상황 속에서 방향을 상실한 그리스도인과 교회
는 무엇을, 어떻게 해야 할 것인가? 개혁신앙의 참모습에 근거한
신선한 목회와 사역으로 '맑은 물'을 공급하며 기독교계에 새로운
힘을 불어넣고 있는 이 책의 저자 '우리는교회' 박광리 담임목사는
예배는 형식과 장소에 구애받지 않고 삶 전체로 드리는 것임을,
전도는 그리스도의 증인이 되는 것임을 말한다. 그럴 때 비로소
우리는, '교회 속 교인'이 아니라 '세상 속 참 그리스도인'으로 거
듭날 것이라고 저자는 역설한다.

신앙과 비즈니스가
함께하는
경영 전략

느헤미야처럼 경영하라

문형록 지음 | 13,800원

느헤미야처럼 경영해 성장을 이루어낸
'반석기초이앤씨(주)'의 경영 전략서

문형록 대표는 37세에 하나님을 만나고 창업한 뒤 줄곧 신앙과 경
영을 포함한 삶의 전 분야에서 하나님께 순종했다. '고객을 기쁘
게, 세상을 이롭게'라는 비전을 품고 해외를 오가며 최신 기술 동
향을 빠르게 읽고 국내에 도입했고, '나'뿐이 아니라 '우리'가 함께
살아나는 선순환 고리를 만들고자 애쓴 결과, 창업 10년을 갓 넘
긴 지금 매출 200억 원대의 탄탄한 기업으로 성장했다. 저자는 경
영 원리와 전략을 오로지 하나님 말씀에서 찾았다. 이제 더는 신앙
과 비즈니스의 세계는 별개의 것이라는 이야기를 하지 말자. 참된
목적을 향해 달려나갈 때 혁신을 이룰 수 있음을 이 책은 구체적인
실례로 증거해준다.

건강한 교회를
이루고 싶은
목회자 필독서

대한민국교회 리스타트

박재훈 지음 | 13,800원

100만 성도의 교회 이탈 현상,
지금, 대한민국 교회는 다시 시작해야 한다!

왜 모든 성도들이 똑같은 형식의 기도를 드려야 할까? 왜 모두 헌금
을 해야 할까? 왜 주위 사람들의 신상을 묻고, 그들을 전도해야 할
까? 왜 교회에서 성도 수, 헌금액 등 수치를 중요하게 여길까? 지금
대한민국 교회는 위기에 처해 있다. 그 위기는 성도가 아니라 목사
와 교회로부터 시작되었다. 오늘날 대한민국의 목사들은 고대의 제
사장과 다를 바 없다고 저자는 말한다. 목사들이 오히려 성도와 하
나님이 대면할 기회를 박탈하고 있다는 것이다. '축복하지 않는 목
사' '사랑을 전하지 않는 목사'가 지금 한국 교회 문제의 뿌리다. 지
금, 한국 교회는 다시 시작해야 할 때다.

하나님 관점에서
인생 시나리오
다시 쓰기

흔드시는 하나님
세우시는 하나님

박종렬 지음 | 13,800원

세상의 딥 체인지(Deep Change)!
인생의 전환점 앞에서 하나님 음성 듣기

하나님의 사람에게 고통은 실로 은총의 통로다. 고통을 통해 자기를 제
대로 알게 되고, 지금까지의 삶의 태도와 마음가짐을 바꾸어 '위대한
전환점' 앞에 서기 때문이다. 이 책은 흔들리는 내 인생을 총체적으로
점검하려는 성도에게 생각할 거리를 던져준다. 내가 만난 고난을 오히
려 인생의 패러다임을 바꾸는 계기로 삼고, 흔들리지 않는 하나님의 관
점에서 삶을 새롭게 재편하려는 성도들에게 맞춤형 묵상을 제공할 것
이다. 본질만 남고, 모든 것이 흔들리고 변화하는 이 시대, 위대한 전환
을 준비하시는 하나님의 계획에 귀를 기울여보자.